［シナリオで学ぶ］

心理専門職の連携・協働

領域別にみる多職種との業務の実際

鶴 光代・津川律子［編］

誠信書房

はじめに

　心理専門職（心理職）としての活動において，今でいうところの連携・協働の必要性と重要性が論じられ，実践されはじめるようになって，20数年ないし30年近くが経つといえましょう。そのひとつの契機は，筆者の経験ではHIVカウンセリングの始まりにあったといえます。1986年にいわゆるAIDSパニックが起こって，感染者への支援としてのカウンセリングが要請され，1988年にはWHO・厚生省主催のHIVカウンセリングのワークショップが開始されました。偶然ですが，1988年に臨床心理士が生まれ，このワークショップの一部は，日本臨床心理士会が担うことになりました。

　こうして始まったHIVカウンセラーの活動は，それまでにはなかった，まったく新しい活動スタイルを必要としました。たとえば，これまで心理職と一緒に仕事をしたことがない内科系の医療スタッフと単独で関わり，感染者をはじめ家族や関係者に役立つ活動をするために，その診療の場に侵入的でなく参入し，かつ必要な活動は行うという協働スタイルの模索となりました。それは，本書でも強調されているところの他職種の仕事への理解と，他職種のメンバーから心理職としての仕事を理解してもらうということから始まって，感染者が関与する複数の診療科スタッフや薬剤師，地域の保健・福祉の専門家たちとの複合的協働スタイルへと発展していきました。

　1995年には，スクールカウンセラーが学校に導入され，同じように連携を探り，協働を目指すことになりました。また，同時期，チーム医療への取り組みもなされだしました。1990年前後にこうした動きがあったこととも呼応して，2000年ごろから，心理職における連携・協働に関する論文が徐々に出てきて，増えてきました。たとえば，学会誌『心理臨床学研究』（日本心理臨床学会編）で，連携，協働，コラボレーションに関わる論文を検索してみると，2000年以前は1件でしたが，それ以降2017年前半までには，27件の論文が見られます。そこには，心理職が，医療，教育をはじめあらゆる領域で，他職種との連携・協働を必然としていることがうかがえます。

　そこで本書は，心理職によるこれまでの経験知を集めて，たとえ一人職場で

あってもチームの一員として活動し，心理職であるがゆえの連携・協働をなしていくその実際と工夫，必要事項をお届けすることを目的にしました。臨場感を伴う連携・協働の実際を提示するために，医療，教育，福祉，矯正，産業・労働，私設・開業の6領域ごとに，架空事例（シナリオ）を詳しく載せ，その流れに沿って，その領域特有の状況をイメージできるように工夫しています。

また，シナリオには，法的に連携せねばならない状況，あるいは，心理職の立場としての防衛がはたらき分かっていても行動に移せなかった状況，今までは行わずにすんでいたが現在は行うことが必要となっていることなどをも含ませています。そのうえで，領域ごとの連携・協働の解説に移り，他領域専門職が求める心理職のコンピテンシーを説明し，他領域専門職への伝え方や若手への教育などに触れています。こうした作りにしているので，心理専門職として初学者の方から，中堅，ベテランの実務者の方々に興味深く読んでいただけるのではないかと思っています。本書が，読者の皆様に少しでも参考になれば，編者のひとりとして大変幸せです。

最後になりましたが，本書の編集にお誘いいただいた津川律子先生に心より感謝申し上げます。本書は，もともと津川先生の発案で企画されたもので，筆者はただ付いていっただけです。編集に加えていただいたおかげで，心理職のこれからの連携・協働にも思いを馳せることができました。学生のみでなく，実務者の連携・協働の学びを支えるプログラムの作成や，連携・協働の実態を明確化してよりよい活動を推進していくための，いわゆる連携・協働尺度の検討を視野に入れておきたいと思うようになりました。読者の皆様とともに，これらの課題に取り組んでいく日が来ることを願っているところです。

2018年4月

編者のひとりとして　鶴　光代

目次

はじめに　*iii*

第1章　心理専門職のための連携・協働

1　連携・協働の必要　*1*
2　連携・協働の概念整理　*3*
3　連携・協働の課題――チーム医療における課題　*5*
4　専門職連携教育　*8*
5　公認心理師法における連携　*11*

第2章　医療領域

Ⅰ　事例 ·· *14*
　1　概要　*14*
　2　臨床経過　*16*
　3　心理面接および連携・協働の経過　*17*
Ⅱ　領域ごとに求められる連携・協働の概説 ······························· *24*
　1　コミュニティのなかにある医療　*24*
　2　事例に登場する関係職種の簡単な紹介　*26*
　3　連携・協働のために必要な知識　*27*
　4　多職種協働による逆説的現象　*29*
Ⅲ　他領域専門職が求める心理職のコンピテンシー ···················· *30*
　1　医療における必要なコンピテンシー　*30*
　2　心理職としてのコンピテンシー　*33*
Ⅳ　他領域専門職への伝え方 ··· *39*
Ⅴ　その他（協働研究，若手への教育，他領域専門職へのコンサルテーション等） ················ *40*

第3章　教育領域

はじめに　43

- I　事 例──不登校生徒へのネットワーク・アプローチ　43
  - 1　概　要　43
  - 2　支援に至る経過　45
  - 3　支援経過　47
- II　領域ごとに求められる連携・協働の解説　54
  - 1　学校臨床領域に求められる連携・協働　54
  - 2　学校臨床領域における連携・協働の実際　57
- III　他領域専門職が求める心理職のコンピテンシー　65
  - 1　コンピテンシーとは　65
  - 2　学校臨床で求められる心理専門職のコンピテンシー　65
- IV　他領域専門職への心理業務内容の伝え方　68
  - 1　何を伝えるか　68
  - 2　どう伝えるか　69
- V　むすびにかえて　70

第4章　福祉領域

はじめに　72

- I　事 例　73
  - 1　概　要　73
  - 2　多職種協働による支援経過　76
- II　領域ごとに求められる連携・協働の解説
  ──A子の事例から多職種協働を考える　85
  - 1　児童福祉領域における多職種協働　85
- III　他領域専門職が求める心理職のコンピテンシー　89
  - 1　児童養護施設における多職種チーム　89
  - 2　施設外の多機関協働　92
  - 3　求められるコンピテンシー──まとめとして　95
- IV　他領域専門職への伝え方　96
  - 1　他職種から理解され，信頼される心理職であるために　96

第5章 矯正領域

I 事例 … 98
1. 概要　*98*
2. 面接および連携・協働の経過　*100*

II 領域ごとに求められる連携・協働の概説 … 107
1. 心理技官の歴史　*108*
2. 心理技官の業務と連携の実際（少年鑑別所を例として）　*109*

III 他領域心理職に伝えたい心理職のコンピテンシー … 116
1. 心理技官に必要な知識等　*116*
2. 心理技官に求められるコンピテンシー　*120*

IV 心理技官の採用と養成 … 121

第6章 産業・労働領域

I 事例 … 124
1. 概要　*124*
2. 支援経過　*126*

II 領域ごとに求められる連携・協働の概説 … 134
1. 「コミュニティ」としての職場　*134*
2. さまざまな関係部門との連携・協働　*136*
3. 連携・協働のタイミングとポイント（職場復帰支援を例に）　*139*
4. 連携・協働のために必要な知識　*145*

III 他領域専門職が求める心理職のコンピテンシー … 149
1. 産業・労働領域で働くために必要なコンピテンシー　*149*
2. 他領域専門職が求める心理職のコンピテンシー　*150*

IV 他領域専門職への心理業務内容の伝え方 … 151
1. ボトムアップ的な情報整理のすすめ　*151*

V その他──自己研鑽とネットワークづくり … 152

第7章 私設・開業領域

- I 事例 ………………………………………………………………………… 154
  - 1 概要 *154*
  - 2 臨床経過 *156*
- II 領域ごとに求められる連携・協働の解説 …………………………… 164
  - 1 私設・開業領域に求められる連携・協働 *164*
  - 2 私設・開業領域に求められる連携・協働の実際 *168*
- III 私設・開業領域に求められる連携・協働のコンピテンシー ……… 173
  - 1 クライエントとの仕事を責任を持って引き受けることのできる基本技能 *173*
  - 2 クライエントと話し合って合意を形成する技能 *174*
  - 3 開示すべき情報を選択して関係者に適切に伝達する技能 *176*
  - 4 支援の全体状況をクライエントの心理支援に役立つ資源として用いる技能 *176*
- IV 連携・協働の軸としてのクライエント ……………………………… 177

おわりに *180*

第1章 心理専門職のための連携・協働

鶴　光代

1　連携・協働の必要

　今日，心理専門職（以下，心理職）が活動するうえで，連携や協働は，ごく普通のこととなっている。つまり，活動の目指すところの達成は，連携，協働なくしてはなしえない状況にある。現在のように連携や協働という用語が用いられるようになる以前から，対人支援の関係者間や施設・機関間では，連絡や情報交換，協力，調整は行われてきた。しかし，社会のあり方が多様になり複雑化するなかで，医療技術等の高度化，細分化も進み，対人援助への社会のニーズは，より個々人に合わせた複合的なものへと変化していった。そうしたニーズに応えるためには，多職種，多機関，多組織等で連携，協働して，支援を担うことが必要となった。

　吉池・栄（2009）によると，わが国のソーシャルワーカーの活動は，「ニーズをもつ人々とニーズを満たす社会資源の調整や媒介」だけでなく，「新たな社会資源を生み出す開発機能」を果たしてきており，そこには連携業務の実践があったという。こうした連携は，1993年3月の公衆衛生審議会意見書「今後における精神保健対策について」（厚生省公衆衛生審議会，1993）のなかで，精神保健センター及び保健所に「医療施設及び社会復帰施設との連携のための拠点としての役割」や，「精神障害者の社会復帰の促進を図るため，医療施設，社会復帰施設，行政機関等の有機的な相互連携体制を強化すること」として明示された。この意見書

で特筆すべきことは，**表 1-1** にあるように，チーム医療の導入と，そのメンバーとしての臨床心理技術者と精神科ソーシャルワーカーの国家資格化が，盛り込まれたことである。

この提言を受けて，1997（平成 9）年に精神保健福祉士法は制定されたが，心理職のほうは紆余曲折があり，公認心理師法として 2015（平成 27）年に公布され，2017（平成 29）年に施行された。公認心理師法では第 42 条 1 項で，連携を**表 1-2** のように定めている。

連携がこのようなかたちで表されているのは，心理職と多職種間の連携を通した活動が社会から必然とされているからといえる。連携・協働が社会からの要請となって，専門職者の間で意識的に実践されるようになるにしたがい，それはどうあるべきかが問われ，課題も見えてきて，今は，課題を乗り越える工夫，方策に力が注がれるようになっている。

本章では，連携・協働の概念整理，実践における課題，課題への対応としての連携・協働教育について述べ，公認心理師法における連携について触れたい。

表 1-1　公衆衛生審議会意見書にみるチーム医療の導入と国家資格化

精神医療サービスを個々のニーズに応じてきめ細かく提供していくため，医師，看護職員及び作業療法士のほか，臨床心理技術者，精神科ソーシャルワーカー等が相互に連携を確保して医療にあたる，いわゆる「チーム医療」を確立し，精神医療におけるマンパワーの充実を図ることが重要である。このため，臨床心理技術者及び精神科ソーシャルワーカーの国家資格制度を創設し，その資質向上を図ることが必要である。

（厚生省公衆衛生審議会，1993）

表 1-2　公認心理師法における「連携」

公認心理師は，その業務を行うに当たっては，その担当する者に対し，保健医療，福祉，教育等が密接な連携の下で総合的かつ適切に提供されるよう，これらを提供する者その他の関係者等との連携を保たなければならない。　　　　　　　　　　（第 42 条 1 項）

2　連携・協働の概念整理

　医療，福祉，心理等の諸領域において，ひとに関わり，治療し，援助していく実際の業務では，連携，協働は欠かせないものになった。日常業務で連携と協働という用語を用いるとき，この二つの用語に，ある違いを持たせて使っている場合が多い。しかし，それらはどのように違うのか，どのような関係にあるかということになると，ひとによって異なっていることが少なくない。そこで，連携と協働の概念整理や定義づけの検討が，行われるようになってきた。

　これまでの連携と協働の概念整理の試みでは，論者よっては，連携の概念に協働は含まれるので，両者はほぼ同じであるとする立場もあった。また，英米で使われているcollaborationを連携と訳して使っている場合もあれば，協働と訳して使う場合もあったことが，両者の概念の違いをあいまいにしたという指摘もある。

　Collaborationは協働より連携の概念に近いとするとする立場もあるが，最近は，「連携（cooperation）」「協働（collaboration）」「チーム（team）」という視点からの検討がなされている。古池・栄（2009）は，保健医療福祉領域における「連携」の概念整理をするなかで，「連携」「協働」「チーム」の関係性に注目し，次のように提案している。

　すなわち，「協働（collaboration）」を「同じ目的をもつ複数の人及び機関が協力関係を構築して目的達成に取り組むこと」とし，「協働を実現するための過程を含む手段的概念」が「連携（cooperation）」であるとしている。そこには，「協働には連携が必要条件」であり，「二つの概念には階層性がある」という位置づけがあった。そして，「チーム（team）」は「連携」概念の可視化された実態であるとし，「連携」「協働」「チーム」の関係性を整理している。

　また，中村ら（2012）は，心理臨床・医療・精神保健福祉・教育の領域における「連携」「協働」の定義・概念に関する文献を選定し，概念整理を行っている。その結果，連携の定義・概念では，「異なる専門職・機関・分野」「共通の目的・目標の達成」「連絡・調整を含む協力関係」という共通する部分が見られたという。そして，協働の定義・概念でも，「異なる専門職・機関・分野」「共通の目的・目標の達成」という「連携」と同じ共通項が見られたが，違うところは，協

働が「協力過程（行為・活動）」という，協力関係を前提とした各専門職間の活動に視点を当てているという点であったとしている。

こうした検討を踏まえ，「連携」「協働」の定義・概念を**表 1-3**のように提案している。この定義では，連携を「協働していくための手段・方法」ととらえ，協働は目標達成活動を「計画・実行する協力行為」とされている。

中村らの概念整理は，連携は協働の手段・方法とする点で，古池・栄の「協働には連携が必要条件であり」，二つの概念には階層性があるとする論と，似通っているところがある。連携，協働の関係性からその概念整理をする論は，現場の実情にも適用でき，対人援助における連携活動と協働活動を展開していくうえでの基本的指針となる。

中村らの協働の定義は，クライエント本人を交えた協働関係の重要性を反映させたものとなっている。これは，チーム医療において患者や親，支援者も，チームの一員として協働していくとする考え方とも共通している。

また，中村らは，上述した両者の定義において，連携では「協力関係」を，協働では「協力行為」を述べており，「協力」を連携と協働の重要事項としている。同様に，ある論者は，協働においては，どちらが上でも下でもない対等な関係のなかでの「協力」を強調している。

津川・岩滿（2011）は，精神科のチーム医療での協働は，チームを構成するメンバーが，それぞれの専門性をもちながらも，互いの役割を理解・尊重し，共通の目標に向かって情報を共有してはじめて可能になるとその重要性に言及している。連携と協働の関係性を意識し，チームメンバーの対等な関係での協力，役割の相互理解と尊重，共通言語による共有をもって連携し協働するならば，チーム

表 1-3 「連携」「協働」の定義・概念

連携の定義……異なる専門職・機関・分野に属する二者以上の援助者（専門職や非専門的な援助者を含む）が，共通の目的・目標を達成するために，連絡・調整等を行い協力関係を通じて協働していくための手段・方法である。

協働の定義……異なる専門職・機関・分野に属する二者以上の援助者（専門職や非専門的な援助者を含む）や時にはクライエントをまじえ，共通の目的・目標を達成するために，連携をおこない活動を計画・実行する協力行為である。

（中村ら，2012 を元に著者作成）

が目指す目標の達成は可能になるといえる。しかし，実際の現場では連携・協働がうまくいかないこともあり，いくつもの難しさを経験することもめずらしくない。そこで次は，連携，協働の課題を見ていく。

3 連携・協働の課題——チーム医療における課題

吾妻ら（2013）は，チーム医療を実践している看護師247人を対象にして，「多職種との連携において困難に感じていること」の自由記述を収集し，多職種連携・協働における困難の実際を明らかにし，それらの困難を克服するための方略を提案している。看護師側から見た困難とその方略であるが，それらは心理職者自身の多職種連携・協働課題と重なり，共感できかつ参考になる。

表1-4は，自由記述のデータから抽出された7カテゴリーと21サブカテゴリー，および具体的内容（自由記述データの典型例）が示されたものである。表に示されている事柄のほとんどは，チーム医療の場を超えて，心理職が感じる多職種連携・協働における困難として読み替えられる内容といえる。そこには，連携・協働の理念や趣旨はわかっていても，実際にはうまくいかない状況が浮かび上がっている。

こうした困難に対する吾妻らの方略を心理職の視点から見ていくと，得るところが多い。「職種を越えて連携・協働する困難」「チームのモチベーションを高める困難」「適切な役割分担を行う困難」「チームで情報を共有する困難」の四つのカテゴリーを，「チームやチームメンバーに対して感じる連携・協働の具体的な困難」としてくくっている。そうした困難への対応は，チームの発展過程では，構成員間の問題意識や価値観などの違いから緊張や衝突が起こりうることを当然ととらえるところからはじまり，方略検討をなして諸提案をしている。

提案の一つは，「チームメンバーは緊張や衝突を恐れず，根気強く話し合いを続けていくこと。自分の専門性に固執せず，チームとしての新たな価値観を受け入れていく柔軟性を持つこと」である。ここには，職業的専門性というより，いわゆる人間力が要請されているといえる。緊張や衝突を恐れないようになるためには，葛藤マネジメントの力がいるだろうし，根気，固執しない，受け入れる，柔軟性といった心性は，ひととしての一定の成熟を要するものといえる。

表1-4　看護師が感じるチーム医療の連携・協働における困難

カテゴリー	サブカテゴリー	具体的内容
職種を越えて連携・協働する(58)	目標や価値観の一致が困難(21)	・チーム結成の日が浅く目標がしっかりと定まっていない ・職種間で求めていることが異なっているため、スムーズに機能していない
	専門職の壁を取り払うことが困難(14)	・個人プレーの職種も多くなかなかチーム医療を具現化することが難しい ・多職種間のどこかに壁があり、また自分たちでガードしていたり遠慮がある
	多職種の相互理解が困難(9)	・職種の違いから理解が難しい問題や踏み込みにくい領域がある ・多職種の問題点を理解することが重要だが、多忙さや仕事に対する信念の違いもあり難しい
	専門性への固執を打破することが困難(9)	・専門職特有のこだわりが壁となり譲ることができず、システムの立ち上げに時間がかかる ・それぞれの職種にプライドがあり、職種の利益優先で行動するため協力を得られにくい
	チームの自立的な活動が困難(5)	・部会別で活動しているが、自立して部会が活動するということができていない ・チームを引っ張って行ってくれる人がいないと医師や薬剤師が頼りになっている
組織からの支援を得る(44)	チームメンバー以外から協力を得ることが困難(15)	・チームメンバーから各部署にうまく伝わらないときがあり意思伝達が難しい ・他職種よりも同じ看護師から理解や支援を得ることのほうが困難
	チーム活動のための時間調整が困難(13)	・看護師だけ勤務体制が異なるためタイムリーに対応できないことが多い ・本当に今現在必要とされる場合は、勤務時間外(夜勤明けや入りの前)に対応している状況
	組織からのバックアップを得ることが困難(6)	・チームの位置づけが周知されていない ・事務職の力が強いため事務的な目標や解決策が優先されている
	チームの決定権を得ることが困難(5)	・チームでの権限が与えられておらず、チームの意見もまったく反映されず集まる意味がない ・チームメンバーで話し合って決めても上層部の一存ですべてが決定されている
	マンパワーの確保が困難(5)	・マンパワーの低下により成果が得られず困難な状況 ・自分が必要だと考える能力をもつ職種をチーム内に参加してもらえるよう委員長とも相談するが、なかなか理解が得られない
チーム内で自分の能力を発揮する(21)	多職種と対等になることが困難(6)	・他職種より社会的に地位が低いとみられている看護師がチームリーダーになることは困難 ・看護師がリーダーシップをとればよいのは分かっているが能力不足を痛感する
	自分の思いを伝えることが困難(6)	・自分自身の考えをメンバーに伝えることがとても難しい ・意見の意図が伝わりにくく目標を立てる時点でずれが生じることがある
	自分の知識を役立てることが困難(5)	・自分の知識が浅く役立っていないと感じ申し訳ないと思う ・自己の持つ能力は十分に発揮して頑張っているが、その能力に不足を感じ、十分に役割を果たせていないと感じる
	アサーティブな対応が困難(4)	・カンファレンスなどで感情的に発言される時の対応が難しい ・相手の怒りや混乱を抑えて冷静に考えてもらえるようにすること
医師と連携・協働する(20)	協働関係の構築が困難(9)	・医師はうまく連携するために努力する様子がないと思われる時がある ・医師は業務が過密という理由から協力が得にくい時がある
	医師のリーダー役割が困難(7)	・リーダーとなる医師のやる気によってチームの活動が左右されているように感じる ・医師は自分がリーダーということをわかっているが、協力ではなくどちらかというと命令なので多職種の調整は看護師が行う
	医師優位の関係を打破することが困難(4)	・医師との関係が悪いわけではないが、あまり意見として参考に聞き入れてもらえず、現状に対して別の意見を伝えても相手にされないことが多い ・チームの中でもまだ上下関係があり、医師の指示で動く、医師が偉いという空気がある
チームメンバーのモチベーションを高める(13)	チームメンバーのモチベーションを高めることが困難(10)	・チームメンバーのモチベーションの違いがあり、看護師がアイデアや問題提起をしても活発に意見交換ができず看護師のみが一人歩きしている傾向があり、ジレンマを感じる ・チームメンバー内のモチベーションに差がある
	達成感を得ることが困難(3)	・チームに帰属しての満足感が得にくい ・看護師が専属ではないため活動にも限界がある。自分の部署の業務を優先することになるので、どうしても片手間にやっているような気分になる
適切な役割分担を行う(8)	適切な役割分担が困難(8)	・しないといけない事が多く、看護師の負担が大きい ・どちらが担当してもよいような業務や作業が関連部署で押し付け合いになる
チームで情報を共有する(3)	情報の共有が困難(3)	・多職種が同時に話し合うことが難しく、情報共有がスムーズにできない ・必要な情報が入ってこず、自分達で情報を得ないといけない

(吾妻ら,2013)

「チーム内で自分の能力を発揮する困難」については，具体的には**表1-4**に見られるように，自分の考えをメンバーに伝えることの困難や自分自身に対して感じる能力不足，相手の感情的な応答や怒りへの対応の困難，そして，他職種のスタッフから看護師は社会的に地位が低いと見られていると感じる困難となっている。吾妻らは，本研究の対象者が看護職として平均経験年数20年以上のベテランであったにもかかわらず，こうした困難を感じていたとしている。こうした困難への方略としては，「看護の専門的な実践能力を高めるだけではなく，多職種とのコミュニケーション力や調整能力，問題解決能力を育成する必要がある」としている。

　心理職においても，他職種協働において連携・協働の技能が要請されているのであるが，その一方で，専門的知識・技能もおおいに求められている。上田・下山（2017）は，協働において役立つとされた知識・技能は，心理アセスメントと心理療法であったことを紹介している。このことは，まずは専門的知識・技能の習得が，連携の基礎になるということである。

　さて，チーム医療における心理職特有の連携・協働の課題は何であろうか。吾妻らの課題と重ならないところとして，上田・下山の論述からうかがえたのは，「医学・医療の実際に関する知識不足」「他職種に関する知識の不足」「自身の役割の不明確さ」「守秘義務意識の低さ」「コスト意識の低さ」「プライドの高さ」などである。医学的知識については以前よりは向上しているところではあるが，まだまだ医療関係者から指摘されやすい点である。こうした課題に対応するには，心理職を目指す学生を教育する大学・大学院において，課題を明確化し，必要な知識・技能の上達に向かわせることが必要といえる。また，中堅の専門職者となっていても，吾妻の研究に見られるように連携・協働には困難が伴いやすいので，葛藤マネジメント研修や自己効力感向上などを含んだ連携・協働の体験的研修の充実にも力を入れていかねばならない。2018年度から公認心理師養成の教育が始まることを契機に，連携・協働教育のプログラムを開発し，定着させていくことも要検討である。

4 専門職連携教育

　多職種間での連携の力は，世界的に関心が向けられているところであり，専門職連携教育（Interprofessional Education：IPE）が推奨されている。川島・山田（2017）は IPE を紹介し，それは「二つあるいはそれ以上の専門職が協働とケアの質を改善するために，共に学び，お互いから学び合いながら，お互いのことを学ぶ機会」と定義されているという。

　IPE の目的は，専門職連携実践（Interprofessional work：IPW）で必要とされる能力を養うことであるとされ，その能力は多職種連携コンピテンシーと呼ばれている。わが国の多職種連携コンピテンシー開発チーム（2016）によると，コンピテンシーとは，「専門職業人がある状況で専門職業人として業務を行う能力であり，そこには知識，技術の統合に加えて倫理感や態度も求められる」とされている。協働的能力としての多職種連携コンピテンシーは，図 1-1 のように円形モデルとなっており，そこにはコア・ドメインとして基盤となる二つのコンピテンシーと，コア・ドメインを支え合う四つのドメインが示されている。

　「基盤となる二つのコンピテンシー」の一つは，「患者・利用者・家族・コミュニティ中心」であり，それは，「患者・サービス利用者・家族・コミュニティのために，患者や利用者，家族，地域にとっての重要な関心事や課題に焦点を当

図 1-1　多職種連携コンピテンシー（多職種連携コンピテンシー開発チーム，2016）

て，職種間で共通の目標を設定することができる」能力とされている。もう一つは「職種間コミュニケーション」であり，「患者・サービス利用者・家族・コミュニティのために，職種背景が異なることに配慮し，互いに，互いについて，互いから職種としての役割，知識，意見，価値観を伝え合うことができる」能力という。

コア・ドメインを支え合う四つのドメインは，それぞれ**表1-5**のようになっている。**図1-1**にある個々のコンピテンシーは互いに関連し合っており，専門職活動に密接に関連しているとされる。こうしたコンピテンシーは，持って生まれた能力ではなく，学習により習得し，第三者が測定可能な能力であることから，専門職者を育てる教育に組み込み，その能力を高めることを可能にするという。

川島・山田（2017）は，心理職養成課程における専門職連携教育の導入の必要性を述べている。筆者も，心理職養成を担う関係者がカリキュラム上，特に実習において，専門職連携教育を組み込んでいく必要を強く感じる。

心理職者養成における多職種連携コンピテンシーの教育プログラムは，やっとその必要性が話題になった段階であるが，医学系，看護学系，薬学系，保健学系，保健福祉学系，作業療法学系では，IPEのプログラムが構成され，実践されはじめている。なかでも，千葉大学の亥鼻（いのはな）IPEプログラムはよく知られている。その特徴は，IPEプログラムが医学部，看護学部，薬学部において，4年間にわたる必修科目となっている点である。そこには，「専門職連携能力はこれからの医療にとって必須の能力であり，教育機関の責務として確実に育成すべき能力」

表1-5　コア・ドメインを支え合う四つのドメイン

①**職種としての役割を全うする**……互いの役割を理解し，互いの知識・技術を活かし合い，職種としての役割を全うする。
②**関係性に働きかける**……複数の職種との関係性の構築・維持・成長を支援・調整することができる。また，時に生じる職種間の葛藤に，適切に対応することができる。
③**自職種を省みる**……自職種の思考，行為，感情，価値観を振り返り，複数の職種との連携協働の経験をより深く理解し，連携協働に活かすことができる。
④**他職種を理解する**……他の職種の思考，行為，感情，価値観を理解し，連携協働に活かすことができる。

（多職種連携コンピテンシー開発チーム，2016を元に著者作成）

としてのとらえがある。

　亥鼻 IPE は，Step 1（1年次生）から Step 4（4年次生）までの四つのステップから構成された，段階的かつ総合的な教育プログラムとなっている。四つのステップにはそれぞれテーマが設けられており，Step 1「共有」，Step 2「創造」，Step 3「解決」，Step 4「統合」となっている。それぞれの内容は**表 1-6** のとおりである。

　上記のプログラムでは，習得すべきコンピテンシーに基づいて，それぞれのステップには学習到達目標を設けられている。たとえば，ステップ 1 の到達目標は，「チームメンバーそれぞれの専門領域の役割機能を理解し，尊重できる」「チームメンバー，他の専門職および教員と肯定的なコミュニケーションをとることができる」「患者・サービス利用者とのコミュニケーションから，患者・サービス利用者の体験と希望を理解できる」などである。

　こうした亥鼻 IPE プログラムの各ステップにおける演習や実習は，必ず，医学部，看護学部，薬学部の 3 学部の学生から構成される，3～4 人のグループで行うことが基本になっている。学生のうちから異なる専門領域の者で学び合い，助け合う体験は，他専門職への理解を自ずと深め，グループメンバーへの信頼を

表 1-6　亥鼻 IPE プログラムの構成

Step 1「共有」……患者やサービス利用者とふれあう体験，コミュニケーション・ワークショップや数々のグループワークなどを通して，「専門職としての態度の基礎を形成し，患者・サービス利用者および他学部の学生とコミュニケーションできる能力」を身につけるステップ。

Step 2「創造」……保健，医療，福祉現場での見学実習やグループワークを通して，「チームメンバーそれぞれの職種の役割・機能を把握し，効果的なチーム・ビルディングができる能力」を身につけるステップ。

Step 3「解決」……チームでの対立や葛藤を分析し，解決に向け回避せず取り組むことを通して，「患者・サービス利用者，医療専門職間の対立を理解し，問題解決ができる能力」を身につけるステップ。

Step 4「統合」……Step 1 から積み上げてきた IPE に関する学びと，それぞれの専門分野の学びを統合し，チームで退院計画の作成に取り組むことで，「患者・サービス利用者を全人的に評価し，患者・サービス利用者中心の専門職連携によって診療・ケア計画の立案ができる能力」を身につけるステップ。

（千葉大学大学院看護学研究科附属専門職連携教育研究センターの HP を元に著者作成）

育む力をつけていくだろう。

　川島・山田（2017）によれば，心理職教育において，亥鼻IPEプログラムで実施されているような連携・協働の実習をしているところはほとんどないという。しかしながら，心理職を目指す学生に向けてのIPEプログラムの検討は，公認心理師養成教育が始まろうとしている今，急がれるところである。IPEプログラムの検討においては，まずは教員がIPEを学び，理解すると同時に，学内外でのシステム作りもしなければならない。エネルギーのいることであるが，心理職が多くの専門職者と一緒に仕事をしていくときの連携力・協働力を養うための優れた方法といえるので，実現を願うものである。

5　公認心理師法における連携

　公認心理師法にある「連携」は，先にも述べたが，それは第42条の第1項であって，第2項は「公認心理師は，その業務を行うに当たって心理に関する支援を要する者に当該支援に係る主治の医師があるときは，その指示を受けなければならない」となっている。ここでいう「指示」とは具体的にはどういうことを指しているのかが，心理職をはじめとする関係者にとって大きな関心事となった。

　多くの人によって，諸々の意見，見解が発せられるなか，2017年11～12月にかけて，「公認心理師法における医師の指示に関する運用基準（案）に関する御意見募集（パブリックコメント）」が行われた。日本心理臨床学会や日本臨床心理士会等の多くの関係団体，および個人から意見が出されるという手続きを経て，2018（平成30）年1月31日に，文科省・厚労省から通知として，「公認心理師法第42条第2項に係る主治の医師の指示に関する運用基準について」が公表された。そこには，「基本的な考え方」として，第2項でいう「指示」は，「診療の補助を含む医行為には当たらない」としている。そのうえで，「要支援者に主治の医師がある場合に，その治療方針と公認心理師の支援行為の内容との離齬を避けるために設けられた規定である」とされている。

　自分が担当しているクライエントに主治の医師がいるかいないかを確認することには，諸々の問題が派生することが予想される。ゆえに，確認作業は難しいところであるが，「支援行為を行う過程で，主治の医師があることが合理的に推測

されるに至った場合には，その段階でその有無を確認することが必要である」とされている。しかし一方で，「いずれの場合においても，要支援者の心情を踏まえた慎重な対応が必要である」ともしている。

　心理職はこれまでも，クライエントが心理相談の内容に関わることで医療を受けていて，そのことが本人から伝えられたときには，必要に応じて医療と連携を取ってきた。公認心理師法では，主治の医師の有無の確認と連携が，より積極的に要請されている感がする。そうであるゆえに警戒する気持ちにもなりうるが，主治の医師と連絡を取り，情報交換をなし，この法でいうところの医師の指示をクライエントのために活かすことができるならば，この法の連携には意味が出てくる。クライエントの心情と兼ね合いを取りながら，公認心理師としての連携の取り方が工夫されていくものと考える。

　今回の通知には，「具体的に想定される主治の医師からの指示の内容の例」や，「主治の医師からの指示を受ける方法」「指示への対応について」など，かなり詳しく述べられている。公認心理師はもちろんのことであるが，そうでない心理職者も目を通して，主治の医師との連携について，その在り方を考える契機になるであろう。公認心理師法には第41条に（秘密保持義務）として，「公認心理師は，正当な理由がなく，その業務に関して知り得た人の秘密を漏らしてはならない。公認心理師でなくなった後においても，同様とする」が載っている。主治の医師との連携に限らず，連携・協働の過程では，クライエントが人に知られたくない秘密が漏れて拡散する恐れがある。連携・協働は，患者・クライエントのためであることをこころして，注意し，臨んでいきたいものである。

【文　献】

千葉大学大学院看護学研究科附属専門職連携教育研究センター　亥鼻IPEプログラムの構成．[https://www.iperc.jp/亥鼻ipe/学習の内容・体制/プログラムの構成]（2018年3月14日確認）

川島義高・山田光彦（2017）チーム医療のための専門職連携教育（Interprofessional Education：IPE）．精神療法，**43**(6)，35-42．

厚生省公衆衛生審議会（1993）今後における精神保健対策について．（谷野亮爾編〈2005〉精神保健法から障害者自立支援法まで［資料2］．精神看護出版．pp.106-109．所収）

文部科学省・厚生労働省（2018）公認心理師法第42条第2項に係る主治の医師の指示に関する運用基準．[http://www.mhlw.go.jp/file/06-Seisakujouhou-12200000-Shakaiengokyokushougaihokenfukushibu/0000192943.pdf]（2018年2月5日確認）

中村誠文・岡田明日香・藤田千鶴子（2012）「連携」と「協働」の概念に関する研究の概観──概念整理

と心理臨床領域における今後の課題．鹿児島純心女子大学大学院人間科学研究科紀要，7，3-13．
多職種連携コンピテンシー開発チーム（2016）医療保健福祉分野の多職種連携コンピテンシー．［http://www.hosp.tsukuba.ac.jp/mirai_iryo/pdf/Interprofessional_Competency_in_Japan_ver15.pdf］（2017年11月20日確認）
津川律子・岩滿優美（2011）チーム医療／多職種協働／臨床心理士の役割と専門性．臨床心理学，11(5)，762-765．
上田麻美・下山晴彦（2017）心理職をめぐるチーム医療の現状と課題．精神療法，43(6)，35-42．
吾妻知美・神谷美紀子・岡崎美晴・遠藤圭子（2013）チーム医療を実践している看護師が感じる連携・協働の困難．甲南女子大学研究紀要　看護学・リハビリテーション学編，7，23-33．
吉池毅志・栄セツコ（2009）保健医療福祉領域における「連携」の基本的概念整理――精神保健福祉実践における「連携」に着目して．桃山学院大学総合研究紀要，34(3)，23-31．

第 2 章 医療領域

津川律子・岩滿優美

I 事例 〈架空のシナリオ〉

1 概要

(1) 心理専門職と所属機関の特徴

A. 心理専門職

 T 心理士。20 代後半の女性。大学院修士課程修了後，単科の精神科病院に約 3 年勤務した後，現在の Z 総合病院に勤務するようになった。T 心理士は赴任したばかり。同じ総合相談部の心理職は 2 名おり，男性 1 名（U 心理士），女性 1 名（V 心理士）で，ともに臨床経験は 5 年である。

B. 所属機関

 Z 総合病院は某県の都市部にある地域の基幹病院で，がん診療連携拠点病院でもある。T 心理士は総合相談部に所属しており，所属長は看護師で，心理専門職以外にも医師を含む多くの職種がいる。T 心理士の仕事は心理相談と心理アセスメントなど，心理専門職として一般的な心理支援全般である。緩和ケアチームは院内にあるが，心理士はそのチームに所属しておらず，定期カンファレンスに参加すること

はない。しかし，地域がん診療連携拠点病院の指定要件として，「医療心理に携わる者（または臨床心理士）が緩和ケアチームに協力することが望ましい」と明記されていることから（厚生労働省, 2014），がん医療に携わる専門の心理士の増員を，病院として検討中である。

(2) 患者とその家族

A. 患者

Aさん。40代半ばの既婚女性。夫，長男，長女との4人暮らし。近くに夫の両親が住んでいる。大学（英文科）を卒業後，中堅の部品メーカーの営業事務として働き，仕事を通じて知り合った現夫と結婚。その後，妊娠を機に退社。そろそろ仕事に復帰しようと考えていた矢先に，乳がんが判明した。

B. 夫

40代半ば。システムエンジニア。残業が多く，急な出張もある。

C. 長男

公立小学校3年生。幼稚園のときからADHDの疑いで，1回だけ受診歴があるが確定診断はつかず，内服もしていない。小学校1，2年時の担任は理解があり，配慮してくれていた。3年生になり，クラスメンバーと担任が変わってからは，落ちつきがなくなった様子である。

D. 長女

幼稚園年長。特に問題なく地元の幼稚園に通園している。

E. 夫の両親

2人ともまだ働いている。子どもは，長男（夫）と長女（結婚して遠くの他県にいる）。最近，義父の物忘れが多いことを，義母からの電話でAさんが相談を受け，近々義父を受診させる予定である。Aさんがその受診に同行することになっている。

F. 自分の両親

母との折り合いは今ひとつだが，父との関係は良好。遠方に住んでおり，父方の祖母と同居中（介護中）で，現実的な協力を得ることは難しい。同胞はいない。

2 臨床経過

　X年10月，地域の健康診断で精密検査が必要となり，Z総合病院を受診したところ左乳がん（ステージⅡ）が判明し，手術のため入院した。入院後すぐに「眠れない」と訴えたため，睡眠薬（ゾピクロン）を処方された。乳房部分切除術＋センチネルリンパ節生検を無事に終え，不眠も改善し，10日間で退院した。術後，最初の外来受診でリンパ節への転移は認められなかったものの，腫瘍径が2.2 cmと2 cm以上であり，Ki67が70％以上，ERがnegative，PgRがnegative，HER2タンパク質がnegativeのトリプルネガティブ乳がんであった[注]。再発・転移のリスクを下げるために，化学療法（EC療法：塩酸エピルビシン＋シクロホスファミド投与）を約3週間ごとに4回，受けることとなった。

　X年11月，1回目の化学療法は入院で実施した。入院時は落ち着いていたが，投与直後から嘔気・嘔吐が出現した。がん化学療法認定看護師が患者（Aさん）の話を聞きに行くと，「化学療法を受けたほうがよいことはわかっているが，吐き気があるし，本当に吐いたりもしてつらい。髪が抜けることも不安。実は昨日も眠れなかった」と話した。がん化学療法認定看護師は，主治医（外科医）にその内容を伝えた。主治医は，術前に不眠が認められてはいたが，確定診断や治療の説明時にはとても落ち着いて説明を聞いていたため，この訴えにやや驚きながらも制吐剤とベンゾジアゼピン系抗不安薬を処方したところ，不安も改善し，退院となった。

　X年12月初旬，2回目の化学療法を外来で行った。がん化学療法認定看護師がAさんの様子を見守っていたところ，前回処方された制吐剤などの効果のせいか，化学療法の副作用に関する不安を述べることはあったが，化学療法を無事に終えることができた。しかし1週間後，患者（Aさん）より外来に電話があり，がん化学療法認定看護師に「化学療法を受けることがつらい，日常生活をこのままでは送ることができない，家事や育児ができない，3回目の化学療法を受ける気がしない」と訴えたため，一度，外来を受診するように伝えた。主治医

注：薬物療法を選択する際には，がん細胞の増殖に関わるたんぱく質であるホルモン受容体のER（エストロゲン受容体）とPgR（プロゲステロン受容体），HER2タンパク質，Ki67を調べ，がん細胞の性質を見る。（国立がん研究センター がん情報サービス，2017）。

は，顔色が悪く元気がない様子の患者を見て，3回目の化学療法の実施は一度保留とし，精神科医に診察を依頼し，同時に心理士へのカウンセリングも依頼することにした。

翌週，外来で精神科医が診察を行い，不安感が見られるだけでなく抑うつ的でもあることから，適応障害との診断で抗うつ薬（SNRI）を処方した。精神科医からAさんに「心理カウンセリングを受けてみてはどうか」と提案すると，すぐに承知し，T心理士が担当することになった。

3 心理面接および連携・協働の経過

Z総合病院の総合相談部の面接室で，X年12月下旬（精神科医の診察の翌週）に，患者（Aさん）とT心理士の初回面接（50分）が行われた。Aさんは一人で来院し，少し緊張した面持ちながらこれまでの治療経過を語った。なお，Z総合病院では，チーム医療の関係者全員が見ることのできる連絡版が，電子カルテ機能としてある。

(1) 初回面接（教科書体はAさんの語り）

　2回の化学療法は何とか終えた。化学療法を受けたほうが良いことは頭ではわかっているが，吐き気がまた起きると思うと不安になる。実は，2回目の化学療法を外来で受けて帰宅した後，吐き気が強く，実際に吐いてしまいとても辛かった。食欲もない。そのうえ，お風呂に入るたびに髪の毛が恐ろしいほど抜けて……。それで病院に電話をかけてしまった。これまで大きな病気はしたことがなく，乳がんになるとは思っていなかった。たまたま市の検診を受けたところ乳がんであることがわかり，手術そして化学療法と，何が何だかわからないままに進んでいる。今は5時間ぐらい眠れるが，これまでには眠れないこともあった。

　家の中も大変。夫は悪い人ではないが気持ちの面での話し合いができにくく，残業で帰宅が遅く，休日も出勤することがあるし，急に地方へ出張になることもある。義父母にも入院のことなどは伝えているが，乳がんのことは伝えていない。大学時代からの友人（Bさん）に乳がんのことを伝えたとこ

ろ，とても心配してくれている。本当は入院前から睡眠が浅く，不安でならなかった。それでも，入院中は逆に気を張っていたのか，今回2回目の化学療法後のほうが吐き気がとても強く，不安になった。これまで長男と長女を育て，近くにいる義父母の面倒も見てきたが，最近は家事もままならない。

　長男が学校で，友だちとうまくいかない，授業中に集中しないなど心配な点があると，担任の教諭から電話があった。先週あたりから吐き気が少し落ち着いてきたため，学校に行き，スクールカウンセラー（SC）や担任に会ってきた。長男は友だちに時々乱暴をするらしい。どうしたらよいのかわからない〈さめざめと涙を流す〉。長男は落ち着きがないと言われ，ADHDに違いないとママ友から言われたこともある。

　ここまでAさんの訴えを聴き，T心理士は，「Aさんはがんになる前も，夫が仕事で忙しいなか，母親として子育てに取り組み頑張ってきたが，突然のがん罹患にこれまで体験したこともないような不安や恐怖を感じており，特に化学療法による嘔吐や脱毛に直面化するような身体症状を前にして，今までのストレス対処ではうまくいかずに危機的状況におちいっている」と考えた。次に，あらためて心理専門職としての心理的アセスメント（病態水準を含む）(津川，2011)と同時に，チーム医療の一員として，がん医療の研修会で学んでいた包括的アセスメント（**表2-1**）を行った(小川，2015；上村，2015)。

　このアセスメントに基づいて，①精神科医からの依頼にあったように，不安に対してリラクセーション法（筋弛緩法）を提案して実施した。また，②乳がんや治療に関して充分な理解が得られていないと判断し，主治医にもう一度説明を受けることや，③治療や副作用に関して不安なことは，主治医だけでなく，がん化学療法認定看護師やがん専門看護師にも相談し，一人で悩みを抱え込まないよう伝えた。④家族からのサポートも受けにくく，がんの診断を受けたことをまだ受けとめきれない心理状態であると考え，不安や恐怖の感情を適切に表出するよう，確定診断を受けてから手術，退院，化学療法を受けるまでの経過を支持的に傾聴し，本来持っている力を支えることにした。⑤院内の関係者と情報を共有することに関してあらためて許可を得て，⑥長男については，スクールカウンセラーや学級担任の教諭など，学校関係者との連携を考える方向で話し合った。⑦

表 2-1 包括的アセスメント①

身体症状	嘔気・嘔吐，食欲不振（化学療法の副作用，心理的な問題），不眠（睡眠薬〈ゾピクロン〉で5時間）
精神症状	不安（化学療法，化学療法の副作用，長男の問題）
社会・経済的問題	長男の問題（学校との関係），家族のソーシャルサポートの低さ，義父母・ママ友との関係
心理的問題	がんに対する不安，化学療法・副作用への不安，長男への対応，義父母・夫との人間関係
実存的問題	母親としての役割

家事や育児が充分にできないことから自己評価の低下が見られたため，できるときに事前に準備することや，完璧にしようと思わないことなどのアドバイスも伝えた。

「話をしたら少しすっきりした。化学療法をこのまま継続することを考えてみる」と，これまで一人で頑張りすぎたことに気づくことができたようだった。化学療法の継続など意思決定支援を実施する必要があると判断し，翌週再び会うことにした。その後は，通院が可能な限り2〜3週間に1回のカウンセリングの実施を提案し，Aさんも合意した。

初回面接の後すぐに，T心理士は精神科医と主治医に上記の面接概要を報告し，その足でがん化学療法認定看護師とがん専門看護師にも報告し，Aさんの状態像と支援の方向性を口頭で共有した。他の関係職種には，電子カルテで包括的アセスメントを含めて情報の共有を行った。

(2) 2回目の面接

X＋1年1月上旬，その後吐き気は少し落ち着いた。化学療法については，がん化学療法認定看護師と相談した。1回目も2回目も，よく考えたら吐いてしまうのは化学療法の後1週間ぐらいで，食欲不振や気分の悪さはあったがその後は少しずつ回復しており，普通に生活できることに気づいた。そう思うと楽になれた。ただ，髪を洗うたびにばさばさと髪が抜け，今はすっかり髪の毛もなくなり，そのことを考えると気分が落ち込む。でも，子どものためにも何とかこのまま化学療法を継続しようとは思っていて，2

日後に化学療法を受けることになった。カツラについては外来でがん専門看護師より聞いていたので，すでに購入しており，外出時には帽子かカツラを使用している。カツラも高かったが，何といっても治療費が高くてそのことが気になる。子どもが小さくこれからお金もかかるので，経済的に心配。そんなことを考えているとドキドキしてくるし，胸がざわざわする感じ。

ただ，以前に比べると気分も楽で食欲も出てきたので，自分から学校に電話して，長男について担任の教諭と相談した。長男は，友だちとの関係は前回以降大きなトラブルはないようだが，授業中に落ち着きがなく，先生の話も最後まで聞かないとのこと。どうしたらいいのか。

先日，だるくて横になって休んでいたら，義父母が突然家に来た。乳がんであることは，まだ義父母にも自分の両親にも伝えていない。その後，何度も義母からも電話がかかってきて，義父の様子がおかしいと言う。義父母のことは心配ではあるけれど，私は私で手一杯。どうしたらよいかわからない。今もこのことを考えるとドキドキする。夫は相変わらず忙しく，出張ばかり。夫は義父母のことを何とかしようという気持ちを持っているが，仕事が忙しくて現実的に無理と思う。

T心理士は，義父の様子がおかしいことに関してAさんとやり取りした結果，認知症の疑い（記銘力障害，健忘）があることをアセスメントした。義父母は近くに住んでいるとのことなので，一度，当院の認知症外来を受診してはどうかと提案した。Aさんとしては，受診することには賛成だが，義父母への説明を一人で行ったり，受診に同伴することは気が重いとのことであった。そこで，心理士からも連絡をしておくので，院内の医療ソーシャルワーカー（MSW）に義父母のことを相談するようにと伝えた。

T心理士はもう一度，包括的アセスメント（**表2-2**）を行った。

このアセスメントに基づいて，①不安に感じていることを支持的に傾聴し，②治療費の心配に関してはMSWから高額療養費制度の説明を受けられるよう，また，義父母の件も相談できるよう，精神科医や主治医と相談のうえでその日のうちに手配し，③長男に関する学校関係者とのやり取りに関しても，一緒に考えていくことを伝えて孤独にしないようにした。さらに，④脱毛の衝撃についても傾聴するとともに，希望すればがん専門看護師にいつでも相談できるよう，情報共

表 2-2　包括的アセスメント②

身体症状 ………… 嘔気・嘔吐（消失），胸部不快感・動悸（出現），不眠（改善）
精神症状 ………… 不安（持続）
社会・経済的問題 … 長男の問題（学校との関係），家族のソーシャルサポートの低さ，義父母との人間関係，治療費
心理的問題 ……… がんに対する不安，化学療法・副作用への不安（脱毛による衝撃），長男への対応，義父母・夫との人間関係
実存的問題 ……… 母親・嫁としての役割

有しておくことを保証した。3回目の化学療法が終わって嘔気・嘔吐が比較的落ち着くころの，約2週間後に会うこととした。

(3) 3回目以降の面接

　　X+1年1月下旬，化学療法3回目を行った。あと1回で化学療法も終わる。前回と同様，吐き気と，吐いてしまうことがあったが，1週間ぐらいで楽になった。ただ，脱毛がこれほどまでとは思わなかった。SCが長男のことを気にかけてくれており，また担任の先生も副担任と協力してフォローしてくれており，少しほっとしているが，今後またいつ何があるかと思うと気が気でない。

　なお，2回目の面接の後，Aさんは MSW と相談して，認知症外来を受診したほうがよいことを夫から義母に伝えた。認知症疑いの義父を義母が自力で病院に受診させ，内服が開始された。介護認定のことは少し様子をみることになった。必要になったときは MSW を介して地域の社会福祉士を紹介できることを，T心理士はあらためて伝えた。また，義父のことについては，主として夫が電話で義母と相談し合うことになって，状況はやや改善した。夫も多忙ながらも踏ん張って協力してくれているようであった。
　以後も，2週間に1回の面接が続いた。X+1年2月には4回目の化学療法も終了し，その後，放射線療法を約1カ月間行うこととなり，平日は毎日，放射線療法のために通院することとなった。

(4) 9回目の面接

　　　X+1年4月，放射線療法がやっと終わった。これまで「しっかりしないと」と自分に言い聞かせ，毎日毎日病院に通って放射線治療を受けてきたが，なんだか疲れた。照射した個所は痒(かゆ)くなったり赤くなったりしたのでクリームを塗っているが，気分が滅入る。これで治療は終わるらしいが，はたして本当にそうなるのか。再発しないか不安。経済的にも大丈夫なのか，それも不安。また，不安といえば，長男が学校で問題を起こさないかどうかも心配で仕方がない。最近，長女も口数が少ない気がして，考えることが多すぎて，胸のあたりがざわざわする。考えているうちに，これも皆，私が悪いのではないか，これまでのように家事もできず，皆に迷惑をかけているのではないかと思う〈つらそうに涙を流す〉。実は一昨日，死んでしまいたいという気持ちが強かった。

　　　最近，タレントのWさんが乳がんで亡くなった。ご存知でしたか？　同じ病気なので，とてもショックだった。「いつか私もそうなる」と思った。最初は死んでしまうかもと考えると怖かったが，今はいろいろなことに疲れてしまった気持ち。

　自分の病気のこと，子どもの心配，経済的な不安など，これまでの心配や不安が重なり，一時的に希死念慮が強まっているとT心理士は判断した。精神科医のカルテ記録には希死念慮の存在が書かれていなかったため，T心理士は，改正自殺対策基本法（第18条等）および精神保健福祉法（自傷他害）を基本として，心理的アセスメントを行った。積極的に今すぐ自殺したいということではないが，厭世的な気分がAさんを支配しており，全体的に抑うつ気分が強まっている状態であった。

　本人に断って，T心理士はその場で外来精神科担当医に内線電話を入れ，状態像を説明した。精神科医は報告を受け，抗うつ薬の増量と頓服薬（抗不安薬）の処方を考え，心理面接の後に精神科外来に来るように伝えてほしいとのことであった。希死念慮の存在が認められたため，夫に連絡しようかというT心理士の申し出にAさんは抵抗を示し，夫には自分から伝えると確約したため，患者との関係性を優先して，夫にこちらから連絡することは控えることとした。その

表 2-3　包括的アセスメント③

身体症状	倦怠感（放射線療法の副作用），照射部位の痒みなど（放射線療法の副作用），胸部不快感・動悸（継続）
精神症状	希死念慮，抑うつ，不安
社会・経済的問題	長男の問題（学校との関係），長女，家族のソーシャルサポートの低さ，義父母との人間関係
心理的問題	がんに対する不安，放射線療法・副作用に対するストレス，再発不安，長男・長女への対応，義父母・夫との人間関係，自責感
実存的問題	母親としての役割，他者への負担

かわり，次の面接を1週間後として，それまでに希死念慮が強まるようであれば必ず連絡を入れてほしい旨をAさんに伝え，確約を得た。

Aさんは精神科医の診察を受け，処方箋を受け取って帰宅した。本人の許可を得て，同僚のU心理士とV心理士を含めたチーム医療の関係者に，電子カルテを通じてAさんの状態像（希死念慮の存在を含む）と留意点を申し送った。包括的アセスメントは表2-3のとおり。

その後，薬物療法と面接が続き，抑うつ気分は落ち着き，希死念慮も消失した。その間，T心理士は，元スーパーヴァイザーに教わった自死予防に関するポイントについて，ノートをめくって復習した。面接の前半で必ず体調や希死念慮について確認することなど，心理専門職として当たり前のことではあるが，あらためて確認できた。同僚のU心理士とV心理士とも，面接のたびにAさんについて話し合うことにした。

(5) 10回目以降の面接経過およびその後の臨床経過

以前MSWへとつないだ義父の件は落ち着いていたが，長男に対する不安が継続していたため，長男の件について話し合い，Aさんの許可を得て，T心理士から学校のSCに連絡をとった。SCは長男の校内での様子をよく把握していたが，ケース数が多くて時間的なゆとりがないとのことで，教育相談室（市の教育センターの分室）に紹介してはどうかという話になった。SCのほうから担任教諭や学校長を含めて相談し，Aさんと話し合ってくれる約束になった。結果として教育相談室につながり，長男は2週間に1回のプレイセラピーを，Aさん

は月に1回の母親面接を，別々の心理士から受けられることになった。長男の発達や学校適応の課題を専門家に相談できることになって，Aさんはずいぶん安心したようであった。教育相談室の母親担当者から，母親の病状への配慮などについて情報提供依頼があったので，Aさんの了解を得て，精神科医および主治医と相談のうえT心理士はこれまでの概略を伝え，そのことを電子カルテに記録した。

X+1年5月，比較的落ち着いて生活している。T心理士との面接は2週間に1回，その後1カ月に1回と，徐々に間隔を空けて行われた。この間，乳がんについては定期的な検診を受けており，経過は良好とのことであった。長男や義父のことなど，立て続けにさまざまなことに遭遇したが，それらに対応できてきたことをT心理士は支持的に保証した。また，気分転換法についても一緒に考え，その具体例について話をした。最近では以前からの友人（Bさん）とも会い，病気のことだけでなく，長男のことも相談できるようになったと明るい顔で話をするようになり，面接中，笑うことが出てきた。

II 領域ごとに求められる連携・協働の概説

1 コミュニティのなかにある医療

　医療領域と一口にいっても，さまざまな場面がある。職員全員の名前と顔を把握することが現実的に困難な大規模総合病院もあれば，院長一人だけといったクリニックもある。しかし，どの医療機関でも共通する大前提がある。それは，コミュニティのなかに医療機関があるという事実である。連携・協働の基本はこの事実が土台となってくる。

　医療機関に勤めることを希望するなら，採用面接などの際に，少し早く家を出て，目指す医療機関の周囲を歩いてみよう。通院のために長い坂を上がらなけれ

ばいけない所もあるだろう。患者も職員も同じバスに乗り合わせて病院に行かないかぎり，タクシーか自家用車でなければ通院できないという病院もあるだろう。喫煙不可の医療機関が普通なので，病院の敷地のすぐ近くにある自販機の前の灰皿には，たくさんの患者や家族が入れ替わり訪れていたりする。病院近くのパンなどを売っている商店にも，患者や家族がよく訪れるであろう。どんなコミュニティのなかにその医療機関があり，コミュニティから何を求められているのか，コミュニティとどうつながっているのかといったことを，周囲を歩きながら感じ取ろうとしてほしい。

　事例（架空のシナリオ）にあるZ総合病院のような地域の基幹病院の場合は，院内を把握しよう。トイレや売店の場所を把握するだけで終わってはいけない。おびえた精神状態の患者は地下に行きたくなったり，死にたい気持ちの患者は屋上に行きたくなったりする。地下のボイラー室から屋上まで，院内の構造を理解しよう。入室禁止の区域は，なぜ入室禁止なのかを理解しよう。

　院内の各部署や組織も把握しよう。事例にあるZ総合病院で，T心理士は総合相談部に所属していた。そして，緩和ケアチームは院内にあるのだが，心理職はそのチームに所属しておらず，定期カンファレンスに参加することはなかった。ほかにどのようなチームが活動をしているのであろうか。

　そして，院内のどの場所であっても人が働いている。院内にいる職種名をすべて言える人は，意外と少ないのではないだろうか。チーム医療推進協議会に加盟している職能団体の職種だけでも，医師，医療ソーシャルワーカー，医療リンパドレナージセラピスト，管理栄養士，看護師，義肢装具士，救急救命士，言語聴覚士，細胞検査士，作業療法士，歯科衛生士，視能訓練士，診療情報管理士，診療放射線技師，精神保健福祉士，薬剤師，理学療法士，臨床検査技師，臨床工学技士，臨床心理士と，計20職種である。加えて，事例に出てくるとおり，医師に専門医があるように，看護師にも専門看護師や認定看護師があり，それぞれが専門性を持って現場で働いている。

　連携・協働を理念で終わらせないために，これまで述べてきたような，コミュニティを知ろうとする地道な行動や，各職種がお互いを知ろうとする努力から有意義な連携・協働が生まれてくるという前提を，いつも念頭に置いておきたい。

2 事例に登場する関係職種の簡単な紹介

　前述のようにたくさんの職種があるが，ここでは事例に登場する関係職種について，簡単に紹介しておく。

(1) 医師（指定医と専門医）

A. 指定医

　精神保健福祉法第18条に，精神保健指定医（略称で「指定医」）の条件が示されている。平成30（2018）年2月現在，臨床経験5年以上，3年以上の精神障害の診断・治療経験を有する医師を対象として，研修を受けたうえで指定の症例を提出して，レポートで指定医の合否判定がなされる。医療保護入院や措置入院の判断の際に必要な資格で，精神科医にとって重要な資格である。

B. 専門医

　専門医制度は大きな変化のときを迎えている。平成30（2018）年2月現在，日本専門医機構は専門医研修の開始を平成30（2018）年度から移行期間を平成32（2020）年までに延長し，本格的な運用を平成33（2021）年度以降としている（一般社団法人日本専門医機構，2017）。精神科医の場合，現在は日本精神神経学会が認定する専門医があり，臨床経験5年以上，精神科臨床研修を受けた経験が3年以上の医師を対象として，指定された症例のレポートを提出の後，試験を受ける（公益社団法人日本精神神経学会，2017）。指定医とは違う認定資格である。

(2) 専門看護師と認定看護師

A. 専門看護師

　専門看護師とは，看護師として5年以上の実践経験を持ち，看護系の大学院で修士課程を修了して必要な単位を取得した後，その認定審査に合格した看護師である。患者・家族に起きている問題を総合的にとらえて判断する力と，広い視野を持って，専門看護分野の専門性を発揮しながら「実践・相談・調整・倫理調整・教育・研究」を行う看護師である。平成30（2018）年2月現在，がん看護，精神看護など，13分野が特定されている（公益社団法人日本看護協会，2016）。

B. 認定看護師

　認定看護師とは，看護師として5年以上の実践経験を持ち，日本看護協会が定める認定看護師教育を修め，その認定審査に合格した看護師である。患者・家族により良い看護を提供できるよう，認定看護分野ごとの専門性を発揮しながら「実践・指導・相談」業務を行っている。平成30（2018）年2月現在，がん化学療法看護，緩和ケア，乳がん看護など，21の認定看護分野がある（公益社団法人日本看護協会, 2016）。

(3) MSW，PSW，社会福祉士

　医療ソーシャルワーカー（MSW），精神保健福祉士（PSW），社会福祉士は，すべてソーシャルワーカー（SW）である。学問的には社会福祉学を基盤としており，活動分野が違ってもソーシャルワークの手法は同じである（佐原, 2016）。MSWは，病院をはじめ診療所，介護老人保健施設，精神障害者社会復帰施設，保健所，精神保健福祉センター等さまざまな保健医療機関で活躍している（厚生労働省健康局長通知, 2002）。PSWは精神保健分野が中心であり，社会福祉士の活動領域は広範囲に及ぶ。なお，2015年の時点で，MSWのうち91％が社会福祉士の資格を取得している（公益社団法人日本医療社会福祉協会, 2017）。

　なお，日本精神保健福祉士協会は生涯研修制度を設けており，そのなかに研修認定精神保健福祉士と認定精神保健福祉士がある（公益社団法人日本精神保健福祉士協会, 2017）。社会福祉士には，認定社会福祉士制度のなかで，認定社会福祉士と認定上級社会福祉士がある（認定社会福祉士認証・認定機構, 2017）。

3　連携・協働のために必要な知識

　医療で働くためには，生物（bio）・心理（psycho）・社会（social）の視点を基本として，共通の知識や言語が連携・協働のために必要になってくる。それらは次のようなものである。

①感染症対策に関する基本的な知識と技能
②感染症以外にも医療安全に関する基本的な知識（インシデントを含む）

③医の倫理
④脳機能を含めた身体医学に関する最低限の知識
⑤DSM（精神障害の診断と統計マニュアル）やICD（国際疾病分類）といった操作診断基準
⑥薬物療法に関して連携・協働できるだけの知識
⑦メンタルヘルスを扱う専門職として，精神医学や精神保健学の知識
⑧医療圏（医療法第30条）などの医療に関する法律や行政の知識
⑨精神保健福祉法などのメンタルヘルス施策に関する法律や，それに伴う実務知識
⑩医療機関の機能と，勤務している医療機関内の組織や業務報告の流れ
⑪勤務している医療機関の地域特性と，周囲の主要関係機関およびその機能
⑫リカバリーに関わる連携の知識（就労移行支援，作業所，障害者職業センターなど）
⑬地域包括ケアシステム（介護と医療の関係）や，在宅医療（訪問看護など）の知識
⑭福祉に関わる最低限の知識（高額療養費制度や手帳，年金など）
⑮医療経済の流れ（診療報酬点数を含む）
⑯情報リテラシー
⑰情報セキュリティの知識
⑱関係職種の業務に関する最低限の知識（たとえば，クラーク業務や作業療法など）
⑲医療独特の院内用語や省略用語の理解
⑳その他（職員のメンタルヘルスに関する知識など）

たとえば，事例（架空のシナリオ）を見返してみると「Z総合病院は某県の都市部にある地域の基幹病院で，がん診療連携拠点病院でもある。T心理士は総合相談部に所属しており，所属長は看護師で，心理専門職以外にも医師を含む多くの職種がいる」などは，上記の⑩の一部分にあたる。あちこちで出てくる薬剤の情報は，⑥にあたる。電子カルテによる情報共有などは，⑯や⑰と関係している。改正自殺対策基本法や精神保健福祉法は，⑨に入る。登場人物（多職種）に関しては，⑱にあたる。高額療養費制度は⑭で，学校関係者などは⑪に入るであ

ろう。

　このように，①〜⑳が連携・協働のために必要だとして，これらを大学や大学院ですべて学び終えて医療現場に出るということは，実際には難しい。それは心理職だけでなく，医師を含む関係職種でも同じことである。たとえば，レセプトの詳細な実務を，大学や大学院で医師や心理職が学ぶということは意味がないわけではないが，それよりも学ばなければいけないこと（医学の基本や心理学の基本）がある。大学生・大学院生の間は，実習などでレセプト業務の重要性や意味に触れておいて，実際には医療現場に出てから少しずつ学んでいくことになるだろう。つまり，①〜⑳を実習前教育のための強迫的なリストととらえず，現場にいる心理職として自分が今身につけていることや，まだ手薄なことを点検する際に使用してほしい。ただし，①などは，実習に出る前の必須事項である。

　なお，医療・保健領域における心理職の業務に関しては，「医療保健領域における臨床心理士の業務」（一般社団法人日本臨床心理士会第1期医療保健領域委員会，2012）などに，その基本が記されている。

4　多職種協働による逆説的現象

　「多職種協働の現場であればあるほど，個々人がバイオ・サイコ・ソーシャルなアセスメントをしなくなるという逆説的現象もある。生物学的側面は医師が，心理学的側面は心理職が，社会的側面はソーシャルワーカーが受け持つという暗々裏の理解がいきわたり，自分のなかでの複層的理解の努力がややもするとなおざりにされる傾向もある」（野田，2015）

　この指摘どおりである。どの専門職においても，生物（bio）・心理（psycho）・社会（social）な視点を持つことが必要である。心理職は，心理学的側面に詳しいことはもちろんであるが，だからこそ，バイオの側面やソーシャルな側面を見逃したり軽視してはいけない。特に，医療領域にいるとバイオを軽視することは少ないであろうが，ソーシャルな側面を軽視することは起こりがちである。しかし，たとえば広義の発達障害の患者が，ある環境から別の環境に移ると見違えるように適応が良くなったりするように，生体は環境との関係のなかで反応をして

いる。ソーシャルな側面はいつも意識しておきたい。

III 他領域専門職が求める心理職のコンピテンシー

1 医療における必要なコンピテンシー

　他領域専門職が求める心理職のコンピテンシーの前に，まず医療における必要なコンピテンシーがある。ここでは主に3点について説明する。

(1) 全人的医療と QOL を理解する

　医療では，全人的医療が求められて久しい。しかし，この言葉を臨床心理学で聞くことは少ない。医師や看護師をはじめとして医療領域で働くメディカルスタッフは，この全人的医療について学んでいる。シシリー・ソンダース（Dame Cicely Saunders）は，患者が経験している苦痛を，身体的，精神的，社会的，およびスピリチュアル（実存的）の四つの苦痛，すなわち「全人的苦痛」（total pain）としてとらえ（**図 2-1** 参照），「患者の病気」に焦点を合わせるのではなく，「病気をもった人間」としてとらえる全人的な視点を提唱した（恒藤，2000）。

　さらに患者や家族の Quality of Life（QOL：生活の質）の維持・向上についても，医療においては職種間でよく検討されることのひとつである。世界保健機関（World Health Organization：WHO）は，健康を「身体的・精神的・社会的に満足のいく状態にあること」と定義し，さらに 1998 年には，「人生の生きる意味・目的，いきがい」や「信念」といった，「自己の存在と意味の消滅」に関連するスピリチュアル（実存的）な側面についても，追加するよう提案している（野口・松島，2004）。

　心理職は患者のこころを主に扱うが，さまざまな職種が広くこころの問題に意識を向けるようになっていることを理解しておきたい。そして，患者の苦痛を全

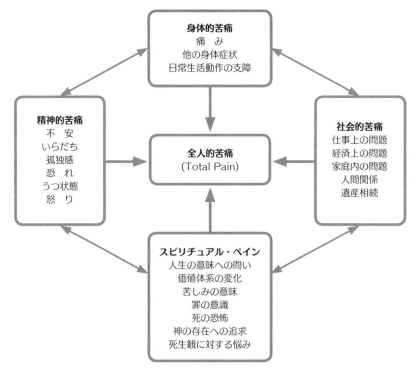

図 2-1　全人的苦痛 (恒藤, 2000, p.26)

人的苦痛という視点でとらえ，前述したように身体面，社会面，そしてスピリチュアルな側面を含めて，心理的問題や精神症状について理解し，支援することが重要である。

(2) 基本的なコミュニケーション

　医療に限らずどの職場でもそうだが，さまざまな人と関わる場合，基本的なコミュニケーション能力が必要である。昔から「報・連・相」といわれているように，自分が行っていることを報告し，連絡し，相談するといった一連の過程は，関係職種と連携するうえでは思っている以上に大切である。心理職は，患者や家族との一対一の心理面接を個室で行うことが多いため，「情報の抱え込み」や「事例の抱え込み」を行っていると，関係職種に受け取られやすい。これらの点は，緩和ケアチームの他職種から心理職の欠点として実際に挙げられており（岩

滿ら, 2009)，関係職種に不信感を与えかねない行為である。もちろん，心理職として守秘義務を遵守する必要はあるが，情報や事例の過度な抱え込みについては，心理職として常に意識する必要がある。適切な情報共有が，最終的に患者や家族に対する適切な支援の提供につながることを忘れてはならない。

　また，心理職は関係職種と比べると同じ施設内で働いている人数が少なく，自分から他の職種に声をかけることを躊躇し，孤独におちいりやすいかもしれない。他の職種からの依頼を待っている心理職もいるかもしれない。しかし，自ら能動的に働きかけることが，関係職種との円滑なコミュニケーションを行うための第一歩である。なお，関係職種との連携なしに勝手に動きすぎないことも大切で，何事もバランス感覚が重要である。挨拶や日常会話から自然にお互いを知り，その専門性を理解し，そして協働へとつながっていく。

　このような姿勢は，患者や家族との間でも同じである。傾聴・受容・共感するだけではなく，患者をひとりの人間として自然に尊敬でき，患者の全人生に思いをはせられるような懐の深さが必要である(津川, 2006)。

　現在，医師をはじめ看護師，そしてそれ以外の医療関係職も，学生のころから基本的なコミュニケーションについてロールプレイなどで学んでおり，患者や家族とのコミュニケーションに関しても，多くの知識やスキルを身につけている。たとえば，がん医療では，患者が医師に望むコミュニケーションとしてSHARE (Supportive environment, How to deliver the bad news, Additional information, Reassurance and Emotional support) が提唱されており，コミュニケーション技術トレーニングが行われている(藤森・内富, 2011)。心理職はコミュニケーションの専門家であると見なされてはいるが，そのようなコミュニケーションの専門家としての振る舞いができるよう，特に初心者の心理職は日々精進したい。

(3) 関係職種の専門性を理解・尊重する

　医療領域で働くためには，さまざまな医学的知識を習得し，医療システムを理解することが望まれるが，同時に大切なことは，それぞれの職種の専門性を理解し尊重することである。関係職種の専門性を理解し尊重することは，最終的に自分自身の心理職としての専門性を明確にすることにもつながる。それぞれが得意な分野を活かしながら，相互に支援し合う姿勢が重要である。

2 心理職としてのコンピテンシー

　心理職として必要なコンピテンシーは多種多様であるが，筆者らのこれまでの臨床経験などを中心に下記のようにまとめた(津川, 2006, 2011；小野ら, 2011；Nakajima et al., 2014)。「Ⅱの3 連携・協働のために必要な知識」と重なる部分もあるが，①は人として，あるいは医療で働く者としての基本的なコンピテンシー，②〜⑤は心理職としての専門性を発揮するコンピテンシー，⑥〜⑬は主に関係職種との連携・協働に関連するコンピテンシー，⑭〜⑰はその他のコンピテンシーとしてまとめている。

　①患者や家族に対する尊厳の気持ち
　②心理的アセスメント
　③疾患（特に身体疾患）を理解して行う心理的アセスメント
　④心理面接（心理相談）
　⑤疾患（特に身体疾患）を理解して行う心理面接（心理相談）
　⑥関係職種の専門性を理解し尊重する姿勢
　⑦関係職種とコミュニケーション・連携する（情報共有する）
　⑧患者，家族，メディカルスタッフ間のコミュニケーションの架け橋となる
　⑨コンサルテーションを行う
　⑩メディカルスタッフの心理教育
　⑪心理職としての専門性や役割を説明できる
　⑫患者の自殺後の対応（デスケアを含む）
　⑬ソーシャルサポートを得る（院内外で連携できる精神保健スタッフの確保）
　⑭メディカルスタッフのメンタルヘルス対応
　⑮臨床心理学的研究
　⑯自己研鑽
　⑰ストレスマネジメント（セルフモニタリング）

　それでは，主として②〜⑤の心理職としての専門性を発揮するコンピテンシーについて説明し，医療で働く心理職の現状と今後に関して，コンピテンシーの視

点から述べる。

(1) 心理的アセスメント

　心理的アセスメントの定義はさまざまであるが，共通している点は，臨床心理学的援助を行うために必要な「方針」を立てていくための，一連の「過程」を意味していることである(津川, 2009)。当然ながら「心理的アセスメント＝心理検査」とは定義されず，心理検査はあくまでも心理的アセスメントを行うためのひとつのツールにすぎない。心理的アセスメントでは，心理的特徴，精神症状，生活歴，家族背景，社会的支援，身体症状（身体疾患），治療（副作用含む），そのほか置かれている環境などを含めて，心理的問題を多角的に理解・把握することが何よりも重要である(渕上・村瀬, 2016)。一方，「心理アセスメントは，すべての心理支援の根底に存在する臨床心理士のスキルの中心であるが，それを体得することは難しい」と津川・福田(2012)が述べているように，すぐに体得できるものではない。前述した連携・協働のために必要な知識を習得する努力を続けながら，少しずつ身につけていくことになる。

　表2-4は，精神科臨床における心理的アセスメントをまとめたものである(津川, 2009)。一つひとつ細かく説明することは紙面の都合上できないため，ぜひ原典文献を参照していただきたい。重要なことはまず第一に，生死に関するアセスメントを行うことである。表2-4では「トリアージ」と表記しているが，「今，目の前にいる患者が心理的な危機状態にいるのか（具体的には自殺しそうか）そうではないのか，というトリアージ（優先性の判断）の視点が最重要である」(津川, 2009)。事例（架空のシナリオ）においても，第9回目の面接の際に，この心理的アセスメントを実施している。最近では，自殺防止のためのゲートキーパー研修が各地で行われているため，医療領域で働く心理職であれば，是非その研修を受けていただきたい。

　二つ目の視点として「病態水準」のアセスメントがあるが，ここでは適応水準が環境や状況によって変化することを押さえておきたい。そして「疾患にまつわる要素」のアセスメントは，医療であっても重要である。医療で働く心理職の場合，周りに医師がいるため，医学的診断や治療に関することは医師が行っているものと思いがちである。しかし，主治医でも気づかない場合もあるし，心理職だけに話す患者もいる。常に，自分で多角的な視点を持った心理的アセスメントを

**表 2-4　精神科臨床における心理アセスメントの六つの視点
（および各視点におけるポイント）**

I　トリアージ
　A．自傷他害の程度
　B．急性ストレス（悪化しているか）なのか慢性ストレスか
　C．トラウマの有無（含む complex PTSD）
　D．援助への動機や期待の程度
　E．いま自分が提供できる援助リソース

II　病態水準
　A．病態水準と防衛機制
　B．適応水準
　C．水準の変化
　D．知的水準と知的な特徴（とくに，動作性能力）
　E．言葉と感情のつながり具合

III　疾患にまつわる要素
　A．器質性障害・身体疾患の再検討
　B．身体状況の再検討
　C．薬物や環境因（大気など）による影響の可能性
　D．精神障害概念の再検討
　E．症状をどのように体験しているか

IV　パーソナリティ
　A．パーソナリティ特徴（とくに，よい資質）
　B．自己概念・他者認知を含む認知の特徴
　C．ストレス・コーピング
　D．内省力の程度
　E．感情状態

V　発　達
　A．平均的な発達
　B．思春期や青年期の特徴をはじめとする年代ごとの心理的な悩み
　C．年代に特有の症状の現れ方
　D．発達障害傾向の有無とその程度（発達の偏り）
　E．ライフ・プラン

VI　生活の実際
　A．地域的な特徴
　B．経済的な面
　C．物理的な面（地理，家屋など）
　D．生活リズム
　E．家族関係を含む対人関係

（津川，2009, p.197）

実施することを念頭に置いておきたい。
　さらに，「パーソナリティ」「発達」のアセスメント，そして最後に「生活の実際」のアセスメントがある。特に，「病態水準」「パーソナリティ」「発達」のア

セスメントは，心理職の専門性を発揮するアセスメントとなるし，関係職種からも求められるアセスメントとなる。そして，心理職が専門職としての力を発揮できるか否かは，この心理的アセスメントにかかっているといっても過言ではない。

ここで事例（架空のシナリオ）を見てみよう。事例では，がん医療の包括的アセスメントを行っている。がん医療における包括的アセスメントとは，患者のQOLを向上させることを目標とした全人的な症状緩和を目指したアセスメントであり，患者を取り巻く問題を複数の視点から検討することを重視している（小川，2015）。重要なポイントは，この包括的アセスメントをがん医療に携わるすべてのメディカルスタッフが行うことである。専門性の細分化によって全体を見渡す視点を失うことがないよう，患者全体を俯瞰する視点を持つことが，多職種間で協働するためには必要となる。

図 2-2 に示したように，包括的アセスメントでは，身体症状，精神症状，社会経済的問題，心理的問題，実存的問題の順にアセスメントを実施し，対応していく。患者が心理的苦痛を訴えたとしても，必ずしもその原因が精神症状や心理的問題とは限らないため，その苦痛の内容や原因などを順番にアセスメントし，適切なメディカルスタッフにつないでいく。たとえば，「気持ちのつらさ」が身体症状と関連して出てきていないか（例：疼痛），もし身体症状と関連していれば，まずは身体症状の緩和が第一に行われる。身体症状から生じる苦痛（疼痛，倦怠

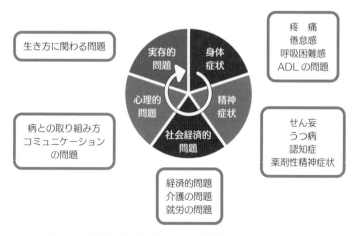

図 2-2　包括的アセスメントとその順序（小川，2015，p.12）

感，呼吸困難感など）の緩和について評価し，そのうえで次の精神症状の検討を進めていくのである。精神症状のアセスメントでは，①意識障害の有無，②判断能力・対応能力（認知症を含む），③情動・感情（うつ病，適応障害）といった三つのアセスメントを主に行う。重要な点は，精神症状と心理的問題とを分けて考えることである。心理的問題とは，対人関係や疾病との取り組み方に関する問題である。

なお，この包括的アセスメントについては，日本サイコオンコロジー学会で心理職を対象とした研修会を実施している（日本サイコオンコロジー学会，2015）。このように，自分に与えられた業務に関する必要なスキルを習得するために，関係する学会の研修会等に積極的に参加し，心理臨床のコンピテンシーを高めてほしい。

(2) 心理面接（心理相談）

心理面接の技法を大別すると，来談者中心療法，力動的心理療法，認知行動療法があり，これ以外にも多種多様な技法がある。また，その形態も，一対一の個人の場合と集団の場合とがある。基本的に医療領域で心理面接を実施する場合，これらの技法や形態を必要に応じて取捨選択して用いる技能が求められる。

精神科領域であれば，心理面接を実施する際の構造を設定し，1週間に1回，1回50分といった枠組みのなかで心理療法を行うことが多いが，身体疾患患者を対象に心理面接を行う場合には，介入時期，介入回数および介入時間は柔軟に設定・変更される。たとえば，抗がん剤治療を受けているがん患者がその副作用に苦しみ，話をすることもできない状況では，50分もの心理面接を行うことは控えるであろうし，副作用がある程度落ち着いたところで（あるいは副作用が起こる前に），心理面接を実施するであろう。事例（架空のシナリオ）においても，抗がん剤治療の副作用の影響が少ない時期に心理面接を実施している。一方，終末期患者の場合，2週間に1回の心理面接では充分なこころの支援を実施できないことも考えられる。そのため，必要であれば2日に1回，たとえ15分と短時間であっても心理面接を実施し，患者のQOLの維持や向上を目指すことになる。また，遠方でなかなか来ることができない家族が入院患者を訪ねてきている場合には，心理面接時間を変更するなどの配慮も必要であろう。このように，心理面接の構造は，患者の身体条件，治療状況，パーソナリティ傾向，既往歴，家族構成などを含めて考慮し，実施する（岩滿，2004）。

医療領域においては，一つの心理面接技法のスキルを高めることも大切であるが，各技法や理論を患者や症状に合わせて選択，さらに必要に応じて改変・改良や統合するスキルが，よりいっそう求められる（渕上・村瀬，2016）。それぞれの技法を習得し，がん，糖尿病，心臓病などといった身体疾患に特有の心理反応などを理解し，その疾患に対する医学的知識を持たなければ，現在の身体症状・精神症状，あるいは今後の身体症状・精神症状などを予測することができず，適切な心理支援を実施することができない。

(3) 医療で働く心理職の現状そして今後に向けて

　事例（架空のシナリオ）はがん医療であったが，このがん医療や緩和医療に携わる心理職の約8割が，「院内の関係職種との連携」「心理的援助が望ましい患者への対応」「患者の精神状態の評価」を求められているという調査結果がある（Nakajima, et al., 2014）。その他，「家族・遺族への対応」や「医療者のメンタルヘルス対応」「患者，家族，医療者の自殺後の対応」なども，心理職の役割として求められている。

　一方，がん医療や緩和医療に携わる心理職が感じている困難感として，多職種や病棟スタッフと充分にコミュニケーションがとれないこと，心理職としての専門性が明確ではないこと，身体疾患患者に対する心理的援助方法が習得できていないこと，さらに患者の死に対して精神的衝撃を受けること（死に対する教育を卒前・修了前教育で受けていないこと），関係職種からのサポートも得にくく職場で孤立しやすいこと，勤務体制や医療システムにより，患者に対して充分に心理的支援を行うことができないこと，などが挙げられている（Iwamitsu et al., 2013）。

　おそらくこのような困難感は，がん医療や緩和医療に限ったことではなく，医療領域で働く心理職であれば多かれ少なかれ経験していることであろう。そして，これらを一つひとつ解決していこうとする地道な姿勢こそが，医療で働く心理職にとって必要なコンピテンシーと言えるのではないだろうか。もちろん，それはすぐにできることでもなく，一人でできることでもない。雇用形態などは心理職全体の問題でもある。しかし，現在，置かれた状況のなかでそれぞれが善処すること，これまでの諸先輩方が築きあげてきた努力の結果，国家資格の公認心理師ができたことを忘れないでいたい。そして，今，自分が心理職としてできることは何かを考え，同じ領域で働く心理職と情報共有を行い，スーパーヴァイズ

を受ける，さらにはさまざまな学会等で行われている研修会に参加するなど，自己研鑽を積んでいきたい。

　また，医学に関する詳細な知識がないことを恥ずかしがらずに，わからないことは何かを認識して（否認せず），わからないことは早めにその道の専門家に尋ねたい。医学の専門家は医療のなかにこそいるのである。尋ねる際には，相手の業務スケジュールを尊重して，事前に教えてもらいたいことがあることなどを予告し，相手が気持ちよく説明できるような状況をつくるといった，社会人としての基本を踏まえたい。

IV 他領域専門職への伝え方

　専門用語を使わず，どの職種にもわかるような平易な言葉で伝えるように，と教科書には書いてある。確かに，「ゼットエフが多いので努力する人で……」といったような専門用語では伝わらない。かといって「努力家の側面があって」と平易に言うと，「そんなことは病棟での様子を見ていればわかりますよ」と言われかねない。一般論でいう「努力家」ではなく，「情報処理過程（入力部分）で労を惜しまない人である」という特徴を伝えるためには，そもそも認知（cognition）や知覚（perception）といった基本概念をしっかりと理解したうえで，どの職種にもわかる例えなどを使って，上手に説明する努力を続けなければならない。

　チーム医療で機能しているカンファレンスでは，長々しい説明は望まれず，かといって「努力家」で終わるわけにもいかない。関係職種の報告時間とバランスをとって発言時間を考えつつ，ポイントをわかりやすく伝えるというのは，初級の技とは思えない。お互いが慣れて，話が通じるようになっても，大規模病院では医師や看護職の異動が多く，また最初から説明が必要になるといったことも日常的である。

　ここで思い出していただきたいのが，心理的アセスメントの重要性である。が

ん医療の包括的アセスメントであれば五つのアセスメントを（図2-2），そして表2-4では六つのアセスメントを行っているが，関係職種に伝える際にもその視点をもって伝えることが，ポイントを押さえる伝え方の第一歩かもしれない。また，心理職の書く報告書は情報量が多すぎるといったことも，関係職種より頻繁に聞く。面接過程を詳細に記録することは心理職にとって重要であるが，関係職種に伝えるには不適切である。忙しいメディカルスタッフが一目で見て，患者の心理的問題，潜在的資質，心理状態について理解できるよう記述することを心がけたい。特に，心理的アセスメントの報告書の場合，最初の文章と最後の文章をどのように書くかが重要なポイントである。それらの文章によって，受ける印象はずいぶん異なる。

加えて，日々の診療記録が電子カルテの時代になり，多くの職種がアクセスすることを考えて，詳細な内容の記述は控え，重要なポイントに絞ること，どうしても伝えたい関係職種のところへは，事例にあるように自分から足を運び，電子カルテ上だけでなく顔の見える関係になることなどの工夫が必要である。こういった工夫はすべて患者や家族の心理支援へとつながるので，付加的なサービス業務ではなく，チームにおける心理支援の中核的な業務と考えられる。

V　その他
（協働研究，若手への教育，他領域専門職へのコンサルテーション等）

研究できる能力は，心理職の大きな柱である。心理職は，統計学的研究もできるし，質的研究もでき，何より事例研究ができる。研究を通じて医療に貢献できるはずである。しかし，残念なことに，臨床心理学系の研究論文を医療の専門誌に投稿すると，その専門誌の守備範囲ではないという理由で，査読の前に受稿を断られてしまうことがある。これは，心理学領域においても同じで，医学も心理学も細分化・専門化・高度化しているために，有査の原著論文を出せるレベルの学際的な専門誌が，国内ではあるようで少ない。医師と心理職でもこの状態であるので，多職種チームで投稿するとなると，本来であれば治療に関与している全

メンバーで投稿したいが，それができずに一部のメンバーだけで発表せざるをえなくなることも稀ではない。もしくは，筆頭研究者が所属する学会で口頭発表やポスター発表をして終わり，ということになりかねない。むしろ，臆さず国際学会や英語論文にチャレンジしてみたらどうであろうか。公認心理師の時代は，英語で論文を書くのが普通といった未来を期待したい。これから医療領域で働く未来の心理職たちに，心からエールを送りたい。

そして，客観的な視点や論理性が必要とされ，臨床への還元を目的とした臨床心理学研究を通して，また，心理臨床経験の積み重ねとその専門性が求められる他領域専門職への心理教育などを通して，心理職としての力を発揮し，積極的に関係職種と交流を図ってほしい。同様に，他施設の心理職とも積極的な交流を図り，同じように悩み考え，自己研鑽を積んでいる心理職が周りにいることを忘れないでいたい。

謝辞：執筆に際して，藏並勝先生（大和市立病院副院長）には乳がんの診断や治療に関して，清水研先生（国立がん研究センターがん中央病院 精神腫瘍科科長）には精神症状の治療に関して，ご助言をいただきました。ここに感謝申し上げます。

【文　献】

藤森麻衣子・内富庸介（2011）がん告知——SHARE．清水研編．がん診療に携わるすべての医師のための心のケアガイド．真興交易医書出版部，pp.29-33.
渕上奈緒子・村瀬嘉代子（2016）多職種協働による精神科チーム医療の進め方——心理療法における臨床心理士の役割と課題．臨床精神医学，45(6)，775-780.
一般社団法人日本専門医機構（2017）専門医認定・更新概要．［http://www.japan-senmon-i.jp/renew/index.html］（2018年2月10日確認）
一般社団法人日本臨床心理士会第1期医療保健領域委員会（2012）医療保健領域における臨床心理士の業務．一般社団法人日本臨床心理士会監修．臨床心理士のための医療保健領域における心理臨床．遠見書房，pp.199-221.
岩満優美（2004）がん患者への心理療法的介入．臨床精神医学，33(5)，621-626.
岩満優美・平井啓・大庭章ほか（2009）緩和ケアチームが求める心理士の役割に関する研究——フォーカスグループインタビューを用いて．*Palliative Care Research*, 4(2)，228-234.
Iwamitsu, Y., Oba A., & Hirai, K. et al. (2013) Troubles and hardships faced by psychologists in cancer care. *Japanese Journal of Clinical Oncology*, 43(3), 286-293.
公益社団法人日本医療社会福祉協会（2017）医療ソーシャルワーカーとは．［http://www.jaswhs.or.jp/guide/sw.php］（2017年11月11日確認）
公益社団法人日本看護協会（2016）資格認定制度 専門看護師・認定看護師・認定看護管理者「専門看護師ってどんな看護師？」．［http://nintei.nurse.or.jp/nursing/qualification/cns］（2018年2月9日確認）

公益社団法人日本精神福祉士協会 (2017) 生涯研修制度. [http://www.japsw.or.jp/ugoki/kensyu/2.htm] (2017年5月15日確認)

公益社団法人日本精神神経学会 (2017) 学会専門医制度　規則・細則について. [https://www.jspn.or.jp/modules/specialist/index.php?content_id=2] (2017年5月8日確認)

国立がん研究センター　がん情報サービス (2017) 乳がん. [http://ganjoho.jp/public/cancer/breast/index.html] (2017年11月30日確認)

厚生労働省 (2014)　がん対策情報　がん診療連携拠点病院等の整備について. [http://www.mhlw.go.jp/file/06-Seisakujouhou-10900000-Kenkoukyoku/0000155799.pdf] (2017年5月8日確認)

厚生労働省健康局長通知 (2002) 医療ソーシャルワーカー業務指針. [https://www.jaswhs.or.jp/guide/ethics.php] (2017年5月8日確認)

Nakajima, K., Iwamitsu, Y., & Matsugawa, M., et al. (2014) Psychologists involved in cancer palliative care in Japan: A nationwide survey. *Palliative and Supportive Care*, 1-8.

日本サイコオンコロジー学会 (2015) 活動紹介　心理職の教育・研修. [http://jpos-society.org/activities/seminar.php] (2016年12月26日確認)

認定社会福祉士認証・認定機構 (2017) 認定社会福祉士制度とは. [http://www.jacsw.or.jp/ninteikikou/contents/02_seido/01_seido.html] (2017年5月15日確認)

野田文隆 (2015) ケア対象者をトータルに理解するには——バイオ・サイコ・ソーシルモデルを使って生物学的・心理学的・社会的側面から理解を深めよう. 萱間真美・野田文隆編集. 精神看護学Ⅰ　精神保健・多職種のつながり——こころ・からだ・かかわりのプラクティス [改訂第2版]. 南江堂, pp.7-11.

野口海・松島英介 (2004) がん患者のスピリチュアリティ. 臨床精神医, 33, 567-572.

小川朝生 (2015) がん患者の精神症状を多職種で診立てよう——チームとしてどうアセスメントするか. 上村恵一・小川朝生・谷向仁・船橋英樹編集. がん患者の精神症状はこう診る　向精神薬はこう使う——精神腫瘍医のアプローチが25のケースでわかる. じほう, pp.7-13.

小野久美子・大庭章・長谷川眞紀 (2011) 家族ケアにおける心理士の役割. 腫瘍内科, 8(1), 88-92.

佐原まち子 (2016) 社会福祉士・精神保健福祉士・医療ソーシャルワーカーは違う職種なのか？. 金子和夫監修／津川律子・元永拓郎編. 心の専門家が出会う法律——臨床実践のために [新版]. 誠信書房, p.71.

津川律子 (2006) サイコセラピーと心理カウンセリング——精神科臨床における臨床心理士の役割. 精神科, 8(2), 142-147.

津川律子 (2009) 精神科臨床における心理アセスメント入門. 金剛出版

津川律子・福田由利 (2012) 臨床心理アセスメントを学ぶ——心理アセスメントに関する基本的な覚書き. 村瀬嘉代子・津川律子編. 事例で学ぶ臨床心理アセスメント入門. 臨床心理学 [増刊], 4, 42-48.

恒藤暁 (2000) がん患者の苦痛への全人的かかわり. 東原正明・近藤まゆみ編. 緩和ケア. 医学書院, pp.26-33.

上村恵一 (2015) がん患者の精神症状を多職種で診立てよう　がん患者の精神症状. 上村恵一・小川朝生・谷向仁・船橋英樹編集. がん患者の精神症状はこう診る　向精神薬はこう使う——精神腫瘍医のアプローチが25のケースでわかる. じほう, pp.2-6.

第3章 教育領域

窪田由紀

はじめに

　教育領域の臨床現場としては，学校臨床（スクールカウンセリング），教育相談機関，学生相談などが代表的であるが，本章では，そのなかで多くの心理専門職が従事する学校臨床の現場を取り上げ，まず事例（架空のシナリオ）を通してその実際を具体的に提示した後，学校臨床における心理専門職の連携・協働について，検討を加える。

I　事例〈架空のシナリオ〉
（不登校生徒へのネットワーク・アプローチ）

1　概　要

(1) 学校の概要

　某市立 Z 中学校は，市のスポーツ施設や文化施設があり，緑も多い地区にある生

徒数300名程度の小規模校で、全体としては落ち着いた学校という評価が一般的であった。しかし、一部に長期化した不登校生徒や、メンタルヘルス上の問題を抱える生徒がいたことから、比較的早い時期からスクールカウンセラー（SC）が配置された。3人目のSCであるT心理士は40代後半の女性臨床心理士で、これまでに3校でのSC経験と、精神科臨床の経験が10年余りあった。現在は、SCのほかに、大学の学生相談等に携わっている。

(2) クライエントとその家族

A. クライエント

SCの支援開始時に中学2年生だったAさん（女子）。小学校高学年からの不登校。中学校入学後は、入学式直後の数日、2年進級後数日登校したのみであった。不登校のきっかけは、悪口を言われたということだったが、休みがちになって勉強にもついていけなくなっていた。担任の家庭訪問で、細々と学校との関係が維持されていた。

B. 家族

賃貸アパートに母親、姉と3人暮らし。市内に兄夫婦が住んでいる（**図3-1** 参照）。

①母親

二つの慢性疾患のため就労不能で、生活保護を受給。身体疾患の自己管理が困難

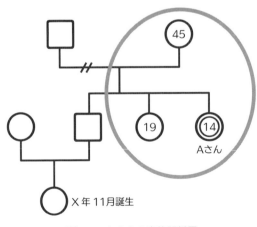

図3-1　Aさんの家族関係図

な状況にある。

　②兄

　高校中退後家を出て，一時実家とは疎遠になっていたが，支援開始後に第一子が誕生した。

　③姉

　中度の知的障害を持っており，特別支援学校を経て市内の障害者地域活動センターに通所している。

2 支援に至る経過

(1) SC 関与までの経緯

A. 2年担任からの相談

　X 年の 6 月に，A さんの担任教諭から T 心理士（以下，SC）に「クラスに長期の不登校の生徒がいる」との話があった。様子を尋ねると，次のようなことを話された。

- 小学校時代からの不登校であり，ほとんど外出もせず，友人もいない様子。
- 担任には拒否的ではないが，簡単な質問にも「はい」か「いいえ」で答える程度。
- 母親は，よく話はするが要領を得ず，A さんの不登校をどう考えているかはわからない。

　これだけでは状況が理解できないので，まずは担任の家庭訪問に同行することにした。

B. 初回家庭訪問時の様子

　母親は担任と SC を愛想よく迎えて居間に通し，別室にいた A さんを呼んで話を始めた。日常生活の状況を尋ねると，生活リズムは一応維持されているようだった。母親は「この子が学校に行かないから困る」と連発し，「こんなに引きこもっていて，人を刺したりしたらどうしよう」などと言いだした。その時期，ひきこもり経験がある若者が起こした凶悪事件が大きく報道されていて心配，とのことだった。A さんがどんな気持ちで聞いているのかが気になったが，表情

には特に変化は見られなかった。

　毎日絵を描いているというAさんは，母親から促されて，タンスの中から広告の裏紙を綴じた冊子のようなものを出してきた。母親への誕生日プレゼントだというその冊子は，母親が医療機関でもらってきた糖尿病治療に関する啓発資料をもとに，Aさんが作成したものだった。網膜症といった難しい漢字も含め，一般向けとはいえ，中学生には難解な内容を懸命に抜き書きしていることがうかがえた。そのなかに，食事制限が守れないウサギをリスがたしなめる，という4コマ漫画が描かれていた。母親に確認すると案の定，食事制限ができていないとのことで，Aさんに「心配？」と聞くと，力強く「うん」と答えたのが印象的だった。

　今後は，SCも時折顔を見に来ることの了解を得て，初回の訪問を終えた。

C．見立てと方針

　母親は，統合失調症であると初対面のSCにあっけらかんと告げていること，糖尿病の自己管理ができておらず，そのことを問題視している様子もないこと，自分の不安から本人を傷つけそうなことを平気で口にしていることなどから，慢性化した統合失調症で退行状態にあると考えられた。そんな母に愛想を尽かして家を出た兄と，知的障害で自分のことで精一杯な姉に代わって，Aさんは母親の状態が心配で家を出られないという力動がうかがえた。

　Aさんは口数は少ないが，母親へのプレゼントという冊子を見ると，母への強い思いとともに，一定以上の理解力・集中力と表現力を潜在的に持っていると思われた。

　家族はほぼ孤立しており，保護課ケースワーカーのBさん，地域活動センターの担当保健師Cさんと担任のほかには，家を訪ねる人もほとんどいない状態で，母親が無意識的にAさんの自立を阻害している可能性も考えられた。そこで，母親の支援体制づくりも同時に進める必要があるとして，まずは糖尿病の自己管理を名目に地区担当保健師のサポートにつなぐことから着手することとした。Aさんに対しては，絵を媒介とした関わりを通して，世界を少しずつ広げていくことを当面の方針とした。

3 支援経過

(1) 第1期 (X年6月～12月) ——絵を媒介にした関係づくり

　SCは定期的な家庭訪問で母親を支えつつ，Aさんとは絵を媒介に関係づくりを試みた。なお，当初目論んだ保健所とのつなぎは，かつて保健師から食事制限について厳しく指導された母親が断固拒否したため，ただちに頓挫した。当面，SCが二役を担い，間食の抑制と運動について訪問時に確認するなどして，サポートすることにした。

A．カウンセリング・ルーム登校への動機づけ

　はじめの数回は，訪問時にAさんが描いた絵を見せてもらい，その後はSCが用紙を持参してはAさんに預け，翌週受け取った絵を持ち帰ってカウンセリング・ルームに貼ることを繰り返した。「カウンセリング・ルームにA画伯のコーナーができているので，見においでね」と，カウンセリング・ルームへの関心喚起に努めた。

B．養護教諭との関係づくり

　養護教諭のD先生が絵を褒めていたことを伝えた翌週に，D先生と共に訪問し，D先生から保健指導の教材に使う絵（食事風景）を描いてくれるように依頼した。Aさんが描いた絵をパソコンに取り込み，保健指導のためのホームページで活用するとのことだった。

(2) 第2期 (X年12月～X+1年10月) ——学校へのつながりづくり

A．カウンセリング・ルーム登校の開始

　「本屋に行ってみたい」と言うAさんを近くの書店に連れ出して，SCとの外出への抵抗を下げた後，次週は「カウンセリング・ルームに貼った絵，保健室のパソコンの中の教材の絵を見に行こう」と，カウンセリング・ルームへ伴った。養護教諭，担任に来てもらって短時間の顔合わせを行った。翌週には，母にも見てほしいと二人そろってのカウンセリング・ルーム登校を促した。母親には，養護教諭，担任のほか，生徒指導主事，教頭も顔を見せ，学校全体でAさんを支援していくことが伝えられた。

その後，SCはしばらくの間はAさんがカウンセリング・ルームを往復する際に付き添うことを重ね，徐々に「帰りは一人」でという形態に移行した。その後，一人で通えるようになった。

B．貼り絵制作を通じてのエンパワメント

　この時期になると，Aさんは制服を着て登校するようになった。何かのきっかけで「貼り絵がしたい」と言い出したAさんは，たまたま美術教師であった3年次担任の指導で，和紙を染めるところから始めた。毎週，作成途中のものを職員室で多くの教師に見せては称賛される体験を重ねた。出来上がったものは四つ切サイズの見事な花畑の作品で，11月の文化祭に展示された。

(3) 第3期 (X+1年10月～X+1年12月) ——進路についての関係者での検討開始

A．進路についての検討開始

　時期的に進路のことが話題にのぼるようになるが，母親は「高校には行かせない。続くはずがない」と，兄のときの経験からかなり頑(かたく)であり，「掃除の仕事でもしたらいい」などと現実感に乏しいことを繰り返した。Aさん自身に希望を尋ねてもイメージがわかない様子で，考え込んだあげく，「う～ん，絵を活かした仕事がしたいかな？」と自信なげにつぶやくばかりであった。

　中学校時代に不登校だった生徒の進路として選択される通信制高校のサポート校は，経済的な理由からも選択肢となり得ないものの，Aさんにはまだしばらくは，保護的な環境のなかで対人交流と生活体験を重ねながら進路を考える時間が保障される必要があった。

　担任，学年主任，生徒指導主事，管理職でのケース会議のなかで，SCはこのような見方を確認し，今後の具体的な進路検討に際しては，Aさんの家族をこれまで支援してきた保護課のケースワーカーBさん，姉の通う障害者地域活動センターの保健師Cさんに加わってもらうことを提案し，賛同を得た。

B．関係者会議での検討

①第1回関係者会議

　ケースワーカーBさん，地域活動センター保健師Cさんと，学校からはSCと生徒指導主事が参加した。SCより，Aさんの現在の状態と，当面必要と思われる支援について説明した。BさんもCさんも母親の状況は充分理解していた

ため，Aさんを支える環境確保の必要性の認識はただちに共有された。とはいえ，サポート校やフリースクール等の学校教育の枠組み以外で，中学卒業後の不登校経験者を抱える資源は見出しにくく，苦慮するなかで，Bさんから姉が通う地域活動センターを利用する可能性はないかとの話が出た。さまざまに話し合った結果，Cさんがセンターに持ち帰って受け入れの可能性について検討すること，Aさん自身と母親の意向確認をすることを含め，継続して考えていくことになった。

後日，センター保健師Cさんから，センター機能の一つである通所者の家族支援の枠組みで，当面Aさんを支援することができそうだとの連絡があった。

②第2回関係者会議

Aさん，母親，保健師Cさん，生徒指導主事，SCで話し合いを持った。当初母親は「掃除の仕事」などと発言したが，SCより，Aさんは働く前にもう少し社会に出る訓練をする必要があるのではないかと伝えて，理解を求めた。Cさんから，そのための方法としてセンターに通って，作業や運動などをしながら少しずつ人に慣れることを提案すると，母親は「それはいい」とすぐに飛びついた。Aさん自身は当然ながら突然の話に戸惑っていたので，あわてて決める必要はないと保障し，後で個別に話をすることにした。

③Aさんとの個人面接

SCによる個人面接のなかでAさんは，「私はお姉ちゃんとは違う」「なんで私がセンターに行かなければならないのか」と，知的な障害を持つ姉と同じように扱われることへの不満を語った。SCはAさんの気持ちを充分聴いたうえで，Aさんに勧めているのは障害者としての通所ではなく，不登校のリハビリとして規則正しい生活，バスに乗って通うといった社会体験や，センターの活動に参加したり手伝ったりすることで人に慣れていく体験であることを説明した。また，センターの活動には，陶芸や手芸などAさんが興味を持ちそうなものも多いので，まずは見学に行ってから決めてはどうかと話すと，納得した。

④第3回関係者会議

Aさん，母親，保健師Cさん，担任，生徒指導主事，教頭，SCが集まり，これまでの経緯を確認した。そのうえで，学校側から在学中からの通所開始が提案され，検討された。利用するか否かも含め，見学のうえ，決定することとなった。

⑤見学と通所決定

　後日，Aさん，母親，担任，生徒指導主事，SCで，センターの見学を行った。保健師Cさんの案内で施設や活動内容の説明を受けると，Aさんも安心した様子を見せた。その後，参加者で具体的な利用方法が話し合われた。

(4) 第4期 (X+1年12月～X+2年3月)——センター通所開始から卒業まで

　12月から，これまでどおり週に1日は学校，もう1日はセンターに通うことになった。センター通所の目的は関係者会議で確認したように，①外に出る機会を増やすことでより規則正しい生活ができるようになること，②一人でバスに乗って通うなど種々の社会体験を積むこと，③センターの活動を通して対人交流を広げること，④これらの活動を通してより具体的に進路を考えること，であった。

　センターでは，Aさんは保健師Cさんの配慮で，種々の作業やスポーツ，ボランティアなどのセンター通所者の活動に，時にはゲストとして，時にはCさんのアシスタントとして参加するかたちを保障された。

　通所開始に際して，Aさんが学校とセンターで実際に経験したこととそれについての感想を記入し，センターではCさん，学校では担任や生徒指導主事，SCなどからコメントを書いてもらう「体験ノート」を作成した。Aさんは時にイラスト入りで，活動の様子とその時々の感想を豊かに表現した。生活の場が広がり体験機会が増えたことによって，一気に感情が活性化され，表現が促進された。

　3月まで週に1回の通所を続けたAさんは，卒業式に出席し，式後の最後の学活にも参加することができた。この間の経過は随時，保護課ケースワーカーBさんとも共有した。

(5) 第5期 (X+2年3月～X+2年5月)——卒業後のサポート体制づくり

A. センター通所継続の検討

　担任，生徒指導主事，SCがセンターに出向いて，センター所長，保健師Cさんと卒業後のサポート体制について検討する機会を持った。学校側から，センター通所開始後のAさんの目覚ましい成長を伝えたうえで，卒業後のセンター通所継続を打診した。センター側も通所継続については了承した。Aさんが中

学校の学籍を離れるため，児童相談所につないでおく必要性が指摘された。

B．児童相談所とのつなぎ

児童相談所の地区担当ケースワーカーDさんにこれまでの経過を説明し，児童相談所のケースとしての関与を依頼した。担任，生徒指導主事が，Aさんと母親を児童相談所に同伴し，Dさんと顔を合わせて検討した結果，児童相談所の通所指導のプログラムである陶芸や七宝焼きなどに参加することで，継続的につながっていくことが確認された。

C．ネットワークによる継続的支援の確認

卒業を前に，これまでの支援によるAさんの成長に感銘を受けた校長は，中学校卒業後も関係者会議等を通して継続的に支援するという方針を明らかにした。このことによって，中学校の非常勤職員としてのSCは，今後もネットワークのなかでのAさんの支援に，正式に関わる機会が保障された。

(6) 第6期 (X+2年6月～8月)――高校進学に向けての取り組みの開始

A．高校進学への関心の芽生え

4月からは週3日の通所となったAさんは，高校進学に関心を持ち，センターで少しずつ勉強を始めたとのことだった。急に乗り気になったので保健師Cさんが話を聞くと，時々話す通所者の兄から，その人が現在通っている高校への進学を勧められたということだった。

きっかけはともかく，高校進学によってその後の可能性が広がることや，その高校はAさんの自宅から近く，定時制は不登校経験者も多く進学するところであったことから，それなりに現実的な目標と考えられた。Cさんによれば，母親も理解しているとのことだった。

B．学習支援体制の整備

6月に保健師Cさんが来校し，校長，生徒指導主事，SCで話し合って，学習支援の体制について検討した。SCが勤務する大学の学生ボランティアの活用が考えられた。それに先立ち，SCは久々にAさんと面接し，進学への意思やきっかけとなった通所者の兄のことについて尋ねた。「高校に行かないといい仕事につけない」「このままじゃもったいない」「いろんな子がいるからきっと友だちができると思う」などと言われ，「そうだな」と思ったと言う。その人に憧れのような気持ちはありそうだったが，「何回か話しただけ」とのこと。お姉さんみた

いな学生さんに週に1回勉強を見てもらうことについては,「いいと思う」とのことだったので進めることにした。

その後,センター通所時にときおりCさんに勉強を見てもらうほか,週に2時間程度,ボランティア学生の学習支援を受けることになった。

(7) 第7期 (X+2年9月〜11月) ——学習支援の強化からAさんの息切れ

A. 学習支援体制の強化

8月の関係者会議で校長から,中学浪人や高校中退者に実施しているのと同様の学習支援を,Aさんにもしてはどうかと提案された。週に半日,学校で空き時間の教師から学習指導を受けるということにAさんは若干戸惑った様子だったが,保健師Cさんの励ましもあり了承した。この時期,SCはAさんとは,勤務日に廊下で出会った際には立ち話をする程度の関わりであった。無理になっていないかを確認しつつ,見守るスタンスとなっていた。

B. Aさんの息切れ

11月になって,SCはボランティア学生から,二度ほど約束の日にAさんに会えなかったとの連絡を受けた。センターのCさん,直近に指導にあたった教師に尋ねると,いずれも「確かに少し元気がなかった」ということだった。SCはAさんとの面接を急ぎ設定した。

C. Aさんとの面接

カウンセリング・ルームで時間を取って,久々にAさんと話をした。当初は「大丈夫」と言っていたが,SCから,〈よく頑張っていると思う〉が,〈急にやることが増えて無理になっていないか気になっている〉と伝えると,涙を流し始めた。「教えてもらってもなかなかついていけない」「大丈夫と言われるけど,不安で仕方がない」「みんなが一生懸命応援してくれるから,無理だとか言えない」といったことをぽつぽつと語り始めた。ふと,手元に目をやると,袖口から絆創膏の端が見えた。確認すると,「何回か切ったことがある」「切ると気持ちがスッキリする」「後で落ち込む」と語った。〈辛かったね〉〈自分で何とかしようと頑張ってたんだね〉と言うと,何度もうなずくが,「絶対に秘密にしてほしい」「お母さんは心配しておかしくなる」「Cさんたちには心配かけたくない」と言い切った。

SCから,Aさんに無理をさせていたこと,しんどさに気づけなかったことを

詫びたうえで，〈まずは少し休んで心と体の調子を整えよう〉〈A さんのペースが一番大切〉と伝えた。進学については，「不安で仕方がないけど，できれば行きたい」という意思が確認できたので，今後，無理なくやっていくためには，しんどかったけど皆に心配かけまいと思って言えなかった，あまりに苦しくて自分を傷つけてしまった，そういう自分を責めていたことについては，〈お母さんや C さん，先生たちにも知ってもらうほうが良いと思う〉と話した。A さんはしばらく躊躇していたが，SC が〈きちんと伝わるように私も手伝う〉と念押しして，ようやくうなずいた。その後，SC 付き添いのもとで，生徒指導主事に「疲れたので少し休みたい」と伝えること，近々，A さんと母親も含めて話し合いをすることについて了解を得た。

(8) 第 8 期 (X+2 年 12 月～3 月) ──仕切り直しての再出発

　A さん，母親，生徒指導主事，校長，SC の話し合いの場で，A さんは SC に励まされて面接で話したことを語った。皆で A さんの気持ちを確認しうえで，校長から，受験については進路の先生にきちんと説明してもらうから大丈夫であること，心配なことは遠慮なく言ってくれれば一緒に考えることを保障してもらった。C さんとは電話で，最近関わりが乏しくなっていた養護教諭とは口頭で上記について共有し，それぞれがきめ細かく声をかけていくことを確認した。

　2 週間ほどの休みを経て，A さんは元のスケジュールに戻った。SC は校長の許可を得て 2 週間に一度程度の個別面接を行い，必要だと思われることについては A さんの了解を得て，関係者で共有した。それ以降は特に揺れることもなく，直前には他の生徒たちと共に面接指導を受け，受験に臨んだ。毎年定員割れするコースでもあり，合格を果たした。

　3 月末には B さん，C さんに来校願い，生徒指導主事，校長，SC でこれまでの経緯を振り返り，今後について話し合った。高校進学後については中学校より高校に申し送るほか，今回のエピソードを踏まえて定期的なカウンセリングと，必要に応じて医療的ケアが受けられる精神科クリニックにつなぐことを確認した。

II 領域ごとに求められる連携・協働の解説

1 学校臨床領域に求められる連携・協働

(1) 学校教育の機能と学校臨床の特徴

　学校教育は，「社会で求められている知識や技能を教え，文化を伝達することによって国の生産力を公表し，社会的な団結を維持するという経済的・社会的機能」に加えて，今日はむしろ，「成長途上にある一人ひとりの子どもの学習面，心理・社会面，進路面，健康面における成長を支援する成長支援機能」(石隈, 1999) が重要だとされる。

　「すべての児童生徒の成長発達を支援し，それぞれの特性に応じた進路保障を行う」というミッションは，学校だけの力では到底果たしえない。近年，わが国では子どもの貧困率の高さが問題視され，すべての子どもたちが夢と希望を持って成長できる社会の実現を目指して，「子供の貧困対策に関する大綱」(内閣府, 2014) が制定されたが，そのなかで学校は，「子供の貧困対策のプラットフォーム」として，学校での学力保障とともに，学校を窓口とした福祉関連機関との連携が掲げられている。このように，学校が地域コミュニティの拠点として，さまざまな機関・職種と連携・協働する必要性は，もはや自明のこととなっている。

　学校における心理専門職としてのスクールカウンセラー（SC）の役割は，チーム学校の一員として，学校が経済的・社会的機能，および一人ひとりの子どもの成長支援機能を果たすための，直接的・間接的な支援を行うことになる。そのためには，学校内での連携・協働はもとより，必要に応じて地域のさまざまな資源との連携・協働も必要となってくる。

　このように学校臨床は，すべての児童生徒を対象としていることや，学校は地域の拠点という意味で子どもたちの生活の場そのものともいえることから，他領

域にもまして，他機関・他職種との連携・協働が必須の領域ということができる。

(2) コミュニティ・アプローチとしての学校心理臨床

ところで，1995年にスクールカウンセラー活用調査研究委託事業が開始されるに際して，学校臨床心理士ワーキンググループ (1997) はそのガイドラインにおいて，「問題を抱えた児童生徒の担任への支援」「小グループ形式の話し合い等による校内関係者の相談活動の活性化」「学校内外の地域関連機関との連携的援助の在り方についての配慮」の3点を強調するなど，地域も含めた学校コミュニティ全体への支援という視点を明確に示した。それは，（担任への）コンサルテーション，学内外のネットワークや支援システムづくりであり，これらは，コミュニティ・アプローチで重視される方法論 (山本, 2000) である。また，同ワーキンググループの一員でもある鵜養 (1995) は，学校臨床心理士[注]は学校教育自体が成長しようとする試みの触媒として，学校・教師・教育の専門性が十分発揮され，教育機能が円滑に機能するように臨床心理的地域援助を行うことが重要であると述べている。

このように，学校現場へ心理臨床家が組織的に参入するようになった1995年の段階で，学校臨床心理士の活動は，問題を抱える子どもを生活の場とは離れた場で援助していた従来の教育相談とは異なり，学校という子どもの生活の場で，個々の子どもの問題を個人レベルのみならず学校システムとの関連でとらえ，学校システム全体を対象に関わっていくものと特徴づける，コミュニティ・アプローチの視点が明確に示されていた。いずれも，具体的には学内外における関係者との連携・協働を含む内容となっている。

(3) SCの日常活動とコミュニティ・アプローチ (窪田, 2009b)

通常SCが関わるのは，主として児童生徒，身近な支援者としての教職員や保護者，そして学校コミュニティ全体（統括する立場にある管理職）である。これらの人々に対して，問題の発生予防や啓発段階の活動，問題の早期発見・早期対

注：学校臨床心理士ワーキンググループは，学校教育領域で臨床心理業務を担う臨床心理士を「学校臨床心理士」とすることで，これまで学校のなかで教育相談を担ってきた教師カウンセラーとの差別化を図った。

表3-1 スクールカウンセラーの日常活動とコミュニティ・アプローチ

	学校				地域
	当事者	身近な支援者		学校コミュニティ（管理職）	
	児童生徒	教職員	保護者		
予防啓発段階	心理教育	研修	講演会		講演会
	啓発資料（スクールカウンセラー便り等）作成・配布				
早期発見・早期対応段階	居場所活動（相談室開放）	情報交換（随時）	子育て井戸端会議	支援システム検討・構築	
問題対応段階	カウンセリング	ケース・コンサルテーション	保護者面接	プログラム・コンサルテーション	ケース会議

（窪田, 2009b, p.19を著者一部改変）

応段階の活動, さらに生じてしまった問題への対応段階の活動として, 表3-1に例示するようなさまざまな活動が展開されている。

たとえば, 学級での友人とのトラブルを契機に不登校におちいった生徒のカウンセリングを担任に依頼された場合, 担任からもともとの当該生徒の様子やトラブルの経緯, 関係生徒の状況, 学級全体の雰囲気などについて話を聞きながら, 担任としての対応についてのケース・コンサルテーションを行う。保護者の不安を受けとめ, 共通認識に基づく適切な関わりがなされるよう, 保護者面接を並行して行うことも少なくない。担任, 学年主任, 養護教諭, 教育相談担当, 管理職, SC等で定期的に情報を共有し, 対応について検討するケース会議の開催も, 学校コミュニティの力を結集するうえで有効である。必要に応じて学外の関係機関も含めて検討がなされ, 登校が難しい場合には, 学外の適応指導教室への通所を検討したりする。

一方で, 担任から, 学級の雰囲気がとげとげしく生徒が互いに牽制し合っていると聞けば, まずは生徒が安心して関わり合えるような心理教育プログラムを提案し, 共にプログラム内容を検討し, ティーム・ティーチングのかたちで役割を分担して授業を実施することは, 教師とSCの協働（コラボレーション）の好例である。

また, 生徒間トラブルの背景にコミュニケーション・スキルの乏しさがうかが

えるような場合には、「スクールカウンセラー便り」などを通して生徒に直接働きかけるとともに、体系的な人間関係づくりプログラムの導入について教育相談担当教師や管理職に提案する（プログラム・コンサルテーション）ことは、予防啓発段階の活動と位置づけることができる。

このようにSCは、児童生徒、身近な支援者である担任教師や保護者、学校コミュニティ全体（統括者としての管理職）に同時並行的に関わることで、当面の問題解決の支援にとどまらず、さらなる問題の予防や新しいスキルの獲得の促進に寄与することも可能になる。これらのプロセスにおいてSCは、学内外のさまざまな立場の教師や保護者、他の専門職などと連携して、情報交換や協議を行ったり、当該児童生徒のために共に動いて新たな支援プログラムを開発・実施したりするといった、協働を行っていることになる。

2　学校臨床領域における連携・協働の実際

学校臨床領域における連携・協働の実際として、不登校生徒Aさんへの包括的なネットワーク・アプローチを提示した。ここではそのプロセスに沿って、各段階での連携・協働とその促進に向けての心理専門職としてのSCの役割について述べる。

(1) 事例における連携・協働のプロセス

A. 連携・協働の開始

本事例では、SCは担任からの依頼で家庭訪問に同行したところから、Aさん親子への支援チームの一員となった。そのためには、ここまでの段階で、SCが学校コミュニティのなかで、啓発資料の配付や研修会、他の生徒に関するコンサルテーションなどを通して、専門家としての認知を獲得していること（窪田, 2009a）が必要であった。

B. アセスメントと支援計画――見立てと方針

家庭訪問時のAさん親子とのやり取りから、SCは、Aさん本人、母親、および兄や姉も含む家族関係についてのアセスメントを行っている。機能不全家族のなかでAさんと母親に役割逆転が起きており、母親の状態が心配で家を出られ

なくなったAさんは，結果として社会性を身につける機会を失っていると考えられた。担任のほかには，生活保護のケースワーカーや，姉の通所先の保健師といった職業的な支援者とのつながりしかない状況であった。

これまで担任がつかみかねていた不登校の背景が，このようなアセスメントによって了解可能なものになったとともに，「支えを必要としている母親ともども支援する」「Aさんについては，好きな絵を媒介にして世界を広げる」という当面の支援計画につながった。

C．学校内での連携・協働

①絵を通してのAさんの内的世界の理解と共有

本事例が展開した第一の理由は，Aさんに，絵を描くという熱中できるものがあったことだった。まずはじめに，SCがAさんの絵を通して，彼女の世界の共有に努めた。糖尿病治療読本のイラストには，母親の健康を気遣う強い思いが込められていたし，Aさんの絵によく登場した可愛い幼児や動物には，本当はケアしてほしいAさんのなかの「幼い子ども」があふれていた。SCは絵から汲み取ったAさんの思いを，日頃から連携することが多かった養護教諭のD先生と共有した。こうしてAさんはD先生ともつながり，SCがAさんの絵をカウンセリング・ルームに貼ることに加え，D先生が保健指導の教材にAさんの絵を使わせてもらうことで，Aさんのテリトリーが徐々に学校にも広がっていった。

②絵を媒介とした教師たちとの関わりの広がり

実際にAさんが学校に足を踏み入れることができるようになると，担任，SC，養護教諭に加え，生徒指導主事，教頭とも顔を合わせた。その後，SCは担任，養護教諭とはほぼ毎回，生徒指導主事や教頭とは折にふれて，Aさんの様子について話題にした。さらにAさんは，職員室で多くの教師と出会い，絵を見てもらっては評価されるという経験を重ねていった。徐々にエネルギーを蓄積したAさんは，貼り絵の大作へ挑戦したいと言い出し，担任の美術教師としっかりとつながった。

安定的に登校している生徒の場合，濃淡はあっても担任，教科担任，部活動顧問，養護教諭，生徒指導主事などの，さまざまな立場の教師と何らかの関わりを持っており，それぞれの教師がそれぞれの立場で指導・支援を行っている。当該生徒が何らかの問題を抱え，より包括的な支援が必要になった場合は，関わりの

ある教師が集まって情報を共有するところから連携・協働がスタートする。しかしながら，Ａさんのように学校とのつながりが担任のみに限られているような場合，生徒の抱える困難を解決し，成長発達を支援するには，担任のみの関わりでは難しいにもかかわらず，他の教師たちは本人との接点がないために，検討の場に上ることもほとんどないという悪循環におちいる。そこで，Ａさんの支援については，さまざまな立場の教師がＡさんの支援について共に考え関わる「連携する」ための土台づくりとして，まずＳＣがＡさんとつながり，それを基礎に他の教師とのつながりをつくる過程が必要であった。

D．支援ネットワークの地域への拡大と協働──進路の模索

中３の２学期には，ＡさんはＳＣの勤務日に加え，担任に貼り絵の指導を受けるために１，２日，短時間ながら登校するようになっていた。学習への取り組みや学級への参加には目処が立っていなかったが，卒業後の進路を検討する時期となっていた。

この時期になると，不登校の生徒についても卒業後の進路を考えることが求められる。それまで不登校状態の改善に必ずしも積極的でなかったように見える生徒や保護者でも，中学校から離れた後の居場所や将来については，真剣に考えざるを得ない。担任や進路指導担当教師，管理職などと，卒業後の行き先を巡って共に検討するなかで，生徒・保護者と学校が信頼関係を構築・回復することは珍しくない。多くの場合，本人の登校状況や学力，学習意欲，将来への希望などに応じて複数の候補を検討し，体験入学を経て，家族で話し合い，決定していく過程が見られる。

しかしながら，ようやく学校とつながって外に出始めたばかりのＡさんと母親は，卒業後の進路について考える段階に至っていなかった。また，家族の状況からも，Ａさんの進路を考える際に有用な情報やモデルがないことは明らかであった。加えて，経済状況から，Ａさんが比較的無理なくつながる可能性があるサポート校は，選択肢になり得ないことが予想された。

このような判断を校内チームで共有した後，これまでそれぞれの立場でＡさん家族を支援してきた，保護課ケースワーカーのＢさん，障害者地域活動センターのＣさんと学校とで関係者会議を持ち，現状の確認と問題意識の共有がなされた。活用可能な既存の資源が見出し難かったことから，知恵を絞り，現存する資源やサービスの枠を少し広げて，Ａさんにとって必要な支援体制を整える

ことについての協働が進んだ。障害者地域活動センターの「通所者（姉）の家族支援機能」を活用しての，「不登校のリハビリ」としての通所や，卒業生のフォローアップの一環としての卒業後の中学校での学習指導などのアイディアが，メンバーから提案され，具体化していった。

SC は，関係者が集い，それぞれが主体的に考えるなかで物事が進んでいくことを大切に考え，できるだけ A さん自身や母親の参加も得て，彼らが納得するかたちで決定していけるよう，時にはその場で意向を確認したり，代弁したりしながら支援した。

E. 連携の緩みと軌道修正

A さんが高校進学の意欲を示し始めた後は，関係者会議のなかで，ボランティア学生による支援や中学校での学習支援などが提案され，具体化していった。その後は，センター通所，中学校での学習支援，ボランティア学生による学習支援といったように，それぞれの支援が各担当者に任されるかたちで進行した。ある程度方向性が見えたという安堵感や慣れから，関係者間の連携に緩みが生じ，情報共有と協議がおろそかになったと考えられた。何より SC 自身が A さんの力を過信していた面と，限られた勤務時間のなかで卒業生の A さんの面接時間を定期的に取ることが難しくなっていたという現実的な面から，この時期 A さんとの関わりが乏しくなっていた。結果として状況を充分把握できておらず，それまで担ってきた連携・協働のマネジメント機能を果たせていなかった。ぎりぎりのところで，A さんがボランティア学生との約束を違えるというかたちで出した SOS がキャッチされて，軌道修正に至りはしたものの，A さんは自身を傷つけずにはおれないほど追い詰められていた。

状況が変化しても，「A さんの身近にいて，A さんが充分表現できない思いを受け取り，ネットワークでの支援に生かす」ことが，連携・協働の際の SC の重要な役割だと考えられるが，そこがおろそかになったゆえに A さんを苦しめることになってしまった。

久しぶりの面接で A さんが心情を語ってくれた後は，本人の了解のうえで母親や教師たちと A さんの状況を共有し，改めての関係者会議で仕切り直しを行った。この段階で SC は，「A さんの身近にいて，A さんの充分に表現できない思いを受け取り，ネットワークでの支援に生かす」という原点に立ち返って，その役割を果たしている。

(2) 連携・協働における SC の役割

A．多面的・多層的なアセスメント

　連携・協働における SC の役割として最も重要なものの一つは，多面的・多層的なアセスメントである。アセスメントは，次の段階としてどのような支援が必要で，かつ可能であるかを考えるためのものであるため，アセスメントの対象は，当事者のみの狭義の「心理」にとどまらず，当事者（ここでは児童生徒）と身近な支援者（保護者や教師），彼らが所属するコミュニティ（学校）を視野に入れたものである必要がある（窪田，2009a）。

　①問題状況と背景要因のアセスメント

　起こっている問題（不登校，非行，いじめなど）のきっかけ要因，維持要因など。当該児童生徒（たとえば，いじめ被害児童生徒）や関係児童生徒（たとえば加害児童生徒）に限らず，学級や学年，学校全体の状況などへの影響についても幅広くとらえる生態学的な視点（Bronfenbrenner, 1979）や，システミックな視点（遊佐，1984）も求められる。

　②当該児童生徒のアセスメント

　心身の健康状態，発達的な特徴，性格特性，対人関係，学力・学習意欲，興味関心など。

　③当該児童生徒の保護者（家族）のアセスメント

　心身の健康状態，性格特性，問題の理解，本人への期待，対人関係，保護者（家族）の社会経済的状況など。

　④当該児童生徒と保護者（家族）の関係性のアセスメント

　愛着形成の視点，システム論的な視点，力動的な視点など，さまざまな視点からのアセスメント。

　⑤当該児童生徒と担任等教師との関係性のアセスメント

　当該児童生徒の支援のキーパーソンとなる教師を同定するための，教師と児童生徒の関係性についてのアセスメント。

　⑥当該児童生徒・保護者（家族）のサポート資源・制度のアセスメント

　支援開始時に当該児童生徒・保護者（家族）が活用できているフォーマル（官民の支援機関や制度），インフォーマルなサポート資源（親族や友人など）のアセスメント。

⑦当該児童生徒・保護者（家族）が今後活用可能なサポート資源・制度のアセスメント

　現在は活用されていないが，今後活用可能なサポート資源・制度のアセスメント。

B. 支援計画の策定

　SCは，前項の「多面的・多層的なアセスメント」結果（見立て）に基づいて，当面の支援計画（手立て）を策定した。支援の過程は，P（Plan：計画）-D（Do：実施）-C（Check：点検）-A（Action：改善）サイクルに従って，アセスメントによる仮説の生成→仮説を具現化する支援計画の策定→計画の実行→実施結果の検討（仮説の検証）→仮説の修正→支援計画の修正，というプロセスをたどるものである。したがってこの段階での支援計画は，当面の支援計画となる。

①多面的・多層的な支援計画

　支援計画もアセスメントの諸側面に即して，当該児童生徒に対する支援計画（さらに，心身の健康面，発達促進の側面，対人関係の側面など，多面的に考えることができる），保護者（家族）に対する支援計画，教師や学級集団に対する支援計画，サポート資源に関する支援計画などを検討する必要がある。サポート資源に関する支援計画とは，たとえば当該児童生徒・保護者が活用可能と考えられるが現在できていない資源を，今後どのように活用していくかを検討するといったようなことである。実際には活用に至らなかったが，Aさんの母親に対する保健師からのサポートの活用は，これに相当する。

②支援プログラムの構成

　このように，多面的・多層的なアセスメントに基づく支援計画は，当然ながら多面的で多層的となる。いずれも必要な支援であるが，限られた時間とマンパワーのなかで実施するには，支援ネットワークのキャパシティを勘案しながら優先順位をつけ，プログラムを組み立てる必要がある。①，②の作業はSCが視点を提示するとしても，実際には，関係者会議のなかでの連携・協働作業として行うことになる。

C. 支援チームの構築──連携・協働の土台つくり

　A項で示した「多面的・多層的なアセスメント」自体，SCのみで行うには限界があり，さまざまな立場の支援者が，それぞれとの関わりのなかで得た情報を持ち寄ることで精緻化される。

すでにさまざまな支援者が関わりを持っている場合には，支援者間に連携がないと，それぞれが異なった方向性で支援を行い，混乱を招く可能性がある。そのような事態を避け，当事者にとって必要な支援を提供するには，個別に支援していた支援者が情報を共有して多面的・多層的なアセスメントを行い，B項で提示した支援計画を策定していくことが求められる。このように，すでにさまざまな立場で別々に関わっている支援者が連携・協働できるよう，チームとなる必要がある。

　さまざまな立場の支援者が連携・協働するのは，当事者にとって多様な支援の提供が必要であるからであって，当然ながら連携・協働それ自体が目的というわけではない。そういう意味では，アセスメントの結果，チーム支援の必要性が明らかになる。心理の専門家であるSCは多面的で多層的なアセスメントの主たる担い手であることから，連携・協働の土台づくりとしての支援チームの構築についても，重要な役割を果たすことが期待される。

D．連携・協働のマネジメント
①連携・協働の重要性

　対人援助の領域で，連携や協働の必要性が指摘されるようになって久しい。文部科学省（2001）は「少年の問題行動等に関する調査研究協力者会議報告——心と行動のネットワーク心のサインを見逃すな「情報連携」から「行動連携」へ」において，単に情報共有にとどまらず，情報共有とそれに基づく協議に従って，実際に共に動くという行動連携が重要だという点を強調している。したがって，ここでの行動連携は，「異なる専門分野が共通の目標の達成に向けて，対等な立場で対話しながら，責任とリソースを共有して共に活動を計画・実行し，互いにとって利益をもたらすような新たなものを生成していく協力行為」である協働（藤川，2007）と，非常に近い概念といえよう。

②連携・協働の成立要件

　このように，連携・協働の重要性に異論はないにもかかわらず必要性が指摘され続ける背景には，実際にはその効果的な実践が難しいことが挙げられる。渋沢（2002）は，共通した目標の設定，相互に依存しているという認識，決断に関して同等の影響力を持つこと，結果に同等の責任を持つことを，コラボレーション（協働）の過程で達成すべき課題として挙げているが，これらをどのようにして具体化していくかについての検討は，充分とはいえない。

コラボレーション（協働）成立のための援助者の条件として，藤川 (2007) は，学生相談領域における大学教員と臨床心理士という異職種間のコラボレーションの例から，クライエントの自律性の尊重，共通の目標，相手の専門性についてのある程度の知識，相手を尊重する態度，コミュニケーション技能，を抽出している。これらは，多職種連携・協働のなかで対人援助にあたる専門職に共通かつ基本的な態度・技能として，養成課程の段階から教育される必要がある。そのための有効な方法として，津川 (2016) は，専門職連携教育（Interprofessional Education and Collaborative Practice）の導入を提案している。

　③連携・協働のマネジメント

　このように，多職種チームのメンバーがそれぞれ，コラボレーション成立のために必要な態度や技能を備えていることに加えて，チームがより効果的に機能するためにはマネジメント機能が求められる。岩壁 (2016) は，さまざまな職種の連携・協働の際に，連絡し合うだけではなく，情報を共有し，一貫した目標を持つことに加え，全体を見渡す中心をつくるケースマネジメントの考え方の重要性を指摘している。連携・協働のマネジメントとしては，このような支援過程全体を見通したプロセスのマネジメントが第一義的に重要となるが，加えて，支援チームのマネジメントも求められる。当事者と各支援者の関係や支援者相互の関係性を見立てつつ，支援チームのメンバーがそれぞれの専門性やそれに基づく意見の違いによる対立を，「当事者の最善の利益のため」という大前提となる価値観の下に乗り越えていけるよう調整する機能である。

　連携・協働のプロセスのマネジメントにおいては多面的・多層的なアセスメントが重要である点，支援チームのマネジメントにおいては種々の複合的な関係性のアセスメントが重要である点からは，心理専門職がその専門性を生かして連携・協働のマネジメントに力を尽くすことが求められよう。本事例においては，SC がその役割を意識しながら任にあたっていたと考えられる。

III 他領域専門職が求める心理職のコンピテンシー

1 コンピテンシーとは

　コンピテンシーという概念は，古典的には1950年代の心理学用語としての使用が起源とされる（加藤, 2011）が，ビジネスの世界への導入のきっかけは，McClelland（1973）によるアメリカ国務省外交官に関する適性研究であり，知識や技能にとどまらず，それらを用いて環境に働きかけ目標を達成する動機づけを含む動的な概念として提起され，注目されるようになった（加藤, 2011）。IQや適性検査の結果では予測しがたい職業上の成果を，実際に高い成果を上げている人に注目して，そのような人が持っている動機づけ，行動特性，人格特性などを抽出しようとしたものである。

　日本では，1990年代後半から人事管理の領域にコンピテンシーという概念が導入され，以後今日にかけて，企業が望ましい人材について，また大学が育成目標とする学生像について，さらに医療や福祉の専門職についても，盛んに用いられるようになっている。

2 学校臨床で求められる心理専門職のコンピテンシー

(1) 学校臨床の特徴

　学校臨床の特徴は，その現場が地域の拠点である学校であり，主たる支援対象が人格発達の途上にある子どもという点である。子どもは年齢が低いほど，自分自身に生じている心理的な問題を理解し，言葉で説明することが難しい。子どもの心の問題は身体化，行動化されやすく，その生活の大半を共にしている保護者

や教師などの気づきなしに支援につながることは難しい。問題の発生を可能な限り予防し，生じた問題について早期に適切に対応するためには，保護者や教師などの児童生徒の身近な支援者が，心の健康についての一定の知識を持つことや，心理専門職にアクセスしやすい環境が保障されることが重要になる。

　また，学校臨床では，当該校区に居住するすべての児童生徒が対象となる。したがって，保護者自身が心身の疾病や生活上の困難を抱え，子どもの問題に気づき対処することが難しいのみならず，不適切な養育によって子どもの健全な成長を阻害している場合もある。このような場合は，子どもが必要な支援につながるには，学校のみならず地域や福祉関係者との連携・協働が必須となる。本事例はその一例である。

(2) 学校臨床で求められる心理専門職のコンピテンシー

　上記を踏まえると，学校臨床に従事する心理専門職には，学校における心理支援のプロセスに沿って，非専門家からの①支援へのアクセス機会の保障，②子どもや保護者との関係づくり，③見立てと方針の共有，心理専門職としての④心理支援を行う必要があり，そのためのコンピテンシーが求められる。表3-2に，コンピテンシーを態度・価値観レベル，知識レベル，スキルレベルに分けて示した。

A. 態度・価値観レベル

　態度・価値観については，心理専門職は自己受容と安定感，多様性の受容や偏見のなさ，親しみやすさ，温かさ，加えて他者視点の尊重や公平性を備えていることが，困難を抱える子どもや保護者，その支援に苦慮するさまざまな立場の人と協働するうえで必要なものとして挙げられる。

B. 知識レベル

　知識レベルとしては，一般常識や社会状況に関することから，学校組織や地域の社会資源，関連した法律制度など，心理臨床の専門外の幅広い知識が，さまざまな立場の人との関わりや学校での心理支援の保障の基礎として必要となる。さらに，心理専門職として，関わりの難しい子どもや保護者との関係づくりや多面的・多層的な見立てを行ううえでは，子どもの発達，発達障害，精神疾患，家族力動などの専門知識と，それらを統合した生物−心理−社会モデルの視点が求められる。

表 3-2　学校臨床で求められるコンピテンシー

		態度・価値観レベル	知識レベル	スキルレベル
①機会の保障	a．心理的援助へのアクセス可能性を高める	自己受容，安定感，多様性の受容，偏見のなさ	一般常識，社会状況，学校組織，社会資源，子どもの発達	コミュニケーション・スキル
	b．心の健康や子どもの心身の不調のサインに関する教育・啓発	親しみやすさ，温かさ	発達障害，精神疾患，家族力動，関連した法律・制度	わかりやすい説明，わかりやすい資料やプレゼン
②関係づくり	a．関わりの困難な子どもや保護者との関係づくり	自己受容，安定感，多様性の受容，偏見のなさ，親しみやすさ，温かさ	子どもの発達，メンタルヘルス，集団力動，家族力動，生物−心理−社会モデル	共感的理解，ラポール形成，面接スキル
	b．子どもや保護者と他の支援者の橋渡し			
③見立てと方針	a．子どもや家族が抱える問題の多面的・多層的な見立て		子どもの発達，発達障害，精神疾患，家族力動，生物−心理−社会モデル，地域の社会資源，関連した法律・制度	情報収集・情報整理・分析，心理アセスメント
	b．支援チームでの見立てと支援方針の共有	他者の視点の尊重，公平性		わかりやすい説明，コミュニケーション
④心理支援	a．見立てと方針に基づく心理支援	自己受容，安定感，多様性の受容，偏見のなさ	心理教育の背景理論，心理療法の背景理論	種々の心理教育技法，種々の心理療法技法
	b．支援過程のチームでの共有と方針の修正	親しみやすさ，温かさ		

C．スキルレベル

　スキルレベルで考えると，子どもや保護者，他の支援者との関係づくりや協働のためには，一般的なコミュニケーション・スキルを基礎に，相手の状況を共感的に理解しラポールを形成するスキルと，見立てや方針に関わる内容をわかりやすく伝えるスキル（説明，資料作成やプレゼンテーション含む）が欠かせない。心理専門職としての見立てとそれに基づく心理支援を行うためには，情報の収集・整理・分析のスキル，心理検査など心理アセスメントを適切に行うスキル，種々の心理教育や心理療法を適切に選択・実施するスキルが必要となる。

　(1) 項で示した学校臨床の特徴との関連で，子どもに関する知識や関わり，保護者や地域の人々など非専門家との関係づくりや協働に関わるものが強調されるものの，多くは他領域で求められるコンピテンシーと共通する。金沢（2014）は，医療領域において求められる心理専門職の知識・スキル・態度について，他職種

へのサポートやクライエント理解に有用な情報提供からなる医療チームへの貢献と，心理検査やクライエント・家族への共感的な対応からなるクライエント・家族への対応を挙げ，他職種との良好な関わり，心理職としての基本的な枠組み，社会人としての基本という三領域に分けた整理を試みている。また，坂井ら（2015）は，産業心理臨床のコア・コンピテンシーとして，前提に関すること，個人に関すること，組織に関することの三領域からなる 25 項目を抽出している。

　三領域を通して，①一般常識や社会状況に関する知識や，コミュニケーション・スキルに基づく常識的で安定した個人としての資質，②心理職としてのアセスメントや心理支援に関する基本的な知識やスキル，③支援チーム，組織の一員として他職種等とのコミュニケーションや，サポートに関する態度・価値観，知識，スキルが求められているが，領域によって対象者の抱える問題や支援チームに参加する関係者が異なってくるぶん，領域固有の見立てや方針の共有，支援の実施に必要な態度・価値観，知識，スキルが上乗せされることになろう。

Ⅳ　他領域専門職への心理業務内容の伝え方

1　何を伝えるか

　学校における心理臨床の場合，対象となる児童生徒，保護者を第一線で支援しているのは教育の専門職としての教師であり，教師としての立場から種々の支援を行っている。

　心理専門職の主たる業務としての多面的・多層的なアセスメントの内容は，まずもって教師の児童生徒（や保護者）理解を深め，教師自身のその後の関わり方に役立つかたちで提供される必要がある。たとえば，反抗的・攻撃的な児童生徒への対応に疲弊しきっている教師が，背景にある学校生活における傷つきや，どうせ理解してもらえないという諦めを知ることは，児童生徒への陰性感情を鎮

め，関係改善に役立つ。

　また，背景に発達の偏りや精神疾患があるために，常識では理解しがたい言動が続いている児童生徒がいると，周囲の児童生徒との関係調整も加わり，担任等関係教員の負担は大きい。発達障害や精神疾患に関する一般的な知識はずいぶん学校現場に普及しつつあるものの，個々の児童生徒の具体的な言動をその文脈でとらえ，理解することは必ずしも容易ではない。

　心理専門職は，一見理解しがたい言動が，単に発達障害や精神疾患によるものであるということにとどまらず，その背景にある彼・彼女の思いを伝えていくことが重要である。たとえば，統合失調症様の妄想が語られたりすると，教師は了解不能だと医療に任せっきりとなりがちだが，症状の背景にある，たとえば学業についていけないつらさや友だちがいない寂しさが理解できると，学校として教師としてできることも多くあることに思い至る。

　また，支援の経過で児童生徒が示しうる一見不適切な言動についても，支援チームメンバーで共有しておく必要がある。試し行動や退行現象などは，知識として知っていても目の前の児童生徒が示している言動をそのような視点で理解できないと，支援者は苦境におちいる。

2　どう伝えるか

　心理専門職のコンピテンシーとしても，わかりやすく説明する能力が各領域で重視されている。わかりやすく説明するためには，専門用語ではなくできるだけ平易なことばを用いるのみならず，支援者自身のこれまでの体験と関連づけて理解できるように，具体的事象とつなげて説明することが重要である。

　また，支援者のそれまでの理解や関わりを否定することなく，伝える工夫も欠かせない。たとえば，児童生徒の攻撃的・反抗的な言動の背景に彼らの傷つきや諦めがあるとの理解を提示する前に，日々そのような児童生徒への対応に疲弊している支援者をねぎらい，そのような状況下では，その背景に思いを馳せる余裕を失って拒否的になることは自然なことであり，責められるべきことではないことを充分伝える必要がある。加えて，問題行動の背景を理解することと，問題行動そのものを容認することは別であることや，学校現場でしばしば起こる，厳し

く指導する人と優しく理解を示す人が分断されることなく，いずれも必要なこととしてチームとして共に関わっていくことの重要性も，併せて伝えられる必要がある。

V むすびにかえて

　本章では，教育領域における連携・協働について，スクールカウンセリングの現場に焦点を当てて検討してきた。他の代表的な領域，学生相談とは対象者の発達段階が異なるものの，大半が健康な学生からなる生活の場をフィールドとしており，心理支援を専門としない多くの教職員との連携・協働が必要となる点で共通している。他領域にもまして教育領域における心理的支援においては，他の専門家・非専門家との連携・協働は必須であり，そのために心理専門職がその要としての力を高めていくことは喫緊の課題である。

【文　献】

Bronfenbrenner, U.（1979）*The ecology of human development experiments by nature and design*. Cambridge: Harvard University Press.（磯貝芳郎・福富護訳〈1996〉人間発達の生態学──発達心理学への挑戦．川島書店）

藤川麗（2007）臨床心理のコラボレーション──統合的サービス構成の方法．東京大学出版会

学校臨床心理士ワーキンググループ編（1997）学校臨床心理士の活動と展開．学校臨床心理士ワーキンググループ

石隈利紀（1999）学校心理学──教師・スクールカウンセラー・保護者のチームによる心理教育的援助サービス．誠信書房

岩壁茂（2016）トータルなアセスメントとケースマネジメント．臨床心理学（臨時増刊号）公認心理師，12-116.

金沢吉展（2014）医療領域における心理職に求められる知識・スキル・態度に関する研究．明治大学心理学紀要，24，21-35

加藤恭子（2011）日米におけるコンピテンシー概念の生成と混乱．日本大学経済学部産業経営研究所報，68，46-50

窪田由紀（2009a）臨床実践としてのコミュニティ・アプローチ．金剛出版

窪田由紀（2009b）学校のなかでのコミュニティ・アプローチ．子どもの心と学校臨床，1，15-22．
McClelland, D.C. (1973) Testing for competence rather than for "intelligence". *American Psychologist*, January, 1-14.
文部科学省（2001）少年の問題行動等に関する調査研究協力者会議報告書──心と行動のネットワーク：心のサインを見逃すな，「情報連携」から「行動連携」へ
内閣府（2014）子供の貧困対策に関する大綱．〔http://www8.cao.go.jp/kodomonohinkon/pdf/taikou.pdf〕（2017年7月21日確認）
坂井一史・深瀬砂織・三浦有紀・種市康太郎（2015）産業領域で働く臨床心理士のコア・コンピテンシーとキャリア・パスの検討．心理臨床学研究，33(1)，15-25．
渋沢多鶴子（2002）対人援助における協働──ソーシャルワークの観点から．特集 対人援助における協働（コラボレーション）．精神療法，28(3)，10-17．
津川律子（2016）さまざまな領域における多職種協働＝チームワーク．臨床心理学（臨時増刊号）公認心理師，126-129．
鵜養美昭（1995）教師とのコンサルテーション．岡堂哲雄・平尾美生子編．スクール・カウンセリング技法と実際．現代のエスプリ別冊，173-189．
山本和郎（2000）コミュニティ心理学．氏家寛・成田義弘編．コミュニティ心理学とコンサルテーション・リエゾン．培風館，pp.32-47．
遊佐安一郎（1984）家族療法入門──システムズ・アプローチの理論と実際．星和書店

第4章 福祉領域

増沢　高

はじめに

　福祉領域で扱う問題は，日々の生活を送ることに何らかの支障が生じ，支援や介護を必要とする状況の全般であり，障害者，高齢者，生活困窮者，要保護・要支援児童とその家族など，多岐に及ぶ子どもや大人が対象となる。本章では児童福祉に焦点を当てて述べるが，深刻なケースほど多様な問題を複合的に抱えており，多職種協働による支援が必須となる。年々児童虐待が大きな社会問題となっている。児童相談所の児童虐待対応件数は毎年更新し続けており，2016（平成28）年度は12万件を超えた。なかには生命に関わる，あるいは心身への重篤の後遺症をもたらすような深刻なケースもある。対象となる子どもたちは要保護児童と呼ばれ，手厚い支援が必要となる。さらに家にいることにリスクが高く，代替養育を必要とする子どももいる。約12万件の対応件数のうち，約5％の子どもたちがそれに該当し，里親や児童福祉施設に委託，入所が選択されている。多くのケースが多岐にわたる課題を抱え，かつ支援を受けることのモチベーションが乏しいという特徴がある。ゆえに，丁寧に抱えている多様なニーズを掘り起こし，アセスメントのうえ，必要な手立てを届けることになる。このためには，必要な職種がチームとなって協働しなければならない。そのため，心理職は支援チームの一人として，必要な役割を担うという認識が必須となる。

　ここでは，児童虐待により保護され施設入所となった女子の事例を通して，心

理専門職が他職種との協働においてどのような役割が求められ、何をすることが子どもと家族のニーズに応えるために必要かについて述べる。

I 事例〈架空のシナリオ〉

1 概要

(1) 心理専門職と所属機関の特徴

A．心理専門職

T心理士。30代の女性。Z児童養護施設に常勤として10年以上の経験を持つ。

B．児童養護施設

児童養護施設とは、児童福祉法に定められた社会的養護を担う児童福祉施設のひとつである。社会的養護とは、保護者のない児童や、保護者に監護させることが適当でない児童を、公的責任で社会的に養育し保護するとともに、養育に大きな困難を抱える家庭への支援を行うことをいう。

社会的養護を担う児童福祉施設には、児童養護施設のほかに乳児院、児童心理治療施設（旧情緒障害児短期治療施設）、児童自立支援施設、母子生活支援施設などがある。母子生活支援施設を除いて、施設入所の是非は児童相談所（以下、児相）が判断し、本人と保護者の同意を得て入所となる。

C．所属機関

Z児童養護施設は35名が入所しており、本体施設と四つの寮が内庭をはさんで囲むように建っている。本体施設には職員室、心理面接室、ホール、家族等の宿泊用のワンルームが2部屋配置されている。保育士や指導員などのケアワーカーが各寮に3人ずつ配置され、交代勤務を行っている。寮の担当を持たないフリーのケアワーカーが2人おり、すべての寮の生活に関わっている。施設長と基幹的職員が指導的立場にあり、施設全体の運営に携わる。

T心理士は施設に一人配置された心理専門職である。ほかに家族支援専門相談員（FSW）が一人おり，家族支援や児童相談所など，他機関との連携と協働が進むよう役割を担っている。T心理士は，本体施設で個人心理面接を行っているが，各寮で子どもと一緒に食事をとるなど日々の生活場面にも入って，随時子どもの相談に応じている。またケースカンファレンスの運営と進行などを任されている。個々のアセスメントに基づき，生活環境の調整や対応のあり方など，心理面からのコンサルテーションを行っている。

(2) 子どもとその家族

A．クライエント（A子）
　Z児童養護施設入所時，中学2年生。ソフトボール部に所属。小学2年のときに両親が離婚し，転居転校して母子での暮らしとなるが，小学6年の秋から現在の養父が同居する。同居後，養父から性的被害を受けるようになる。中学2年の初夏に養護教諭に被害を伝え，学校から緊急一時保護となり，2カ月後にZ児童養護施設入所となった。

B．実母
　A子入所時，34歳。小学校時代に両親が離婚し，母子で過ごす。中学2年時から家出をするようになり，高校時代は夜間徘徊を繰り返し，数回の補導歴がある。高校2年で中退し，居酒屋のアルバイトをして一人暮らしをする。19歳で妊娠し結婚する。20歳でA子を出産したが，DV等があって離婚。離婚後は生活保護を受給して母子で生活する。祖母とは中学時代から関係不調で，A子出産後は数回実家に帰ったのみである。

C．実父
　運送業社に勤務していた。実父はときおり実母に暴力をふるったが，A子に暴力はなく，かわいがっていたという。A子が小学2年のとき，実父は家を出たまま帰らなくなり，離婚となる。その後，A子と実父との接触はなく，関係は途絶えたままである。

D．養父
　A子が小学5年のころから実母と交際が始まり，しばらくして同居となる。土木関係の仕事で朝は早い。A子が中学入学後，実母と結婚し，A子と養子縁組を結ぶ。結婚後，A子に対して体を触るなどの性的行為が始まる。

(3) 生育歴

　小学2年時までは実父母とアパートで暮らしていた。幼少時から実父は実母に暴力をふるうようになり，帰宅しない日も増えていった。小学2年時に，実父母の喧嘩の後，実父が家を出たまま離婚に至る。実母はいっさいの実父の所持品を捨て，A子を連れて家賃の安いアパートに転居（A子は転校も）した。

　A子は家の手伝いをよくし，実母を助けた。新しい学校にはなじめず，友だちはなかなかできなかった。学校では一人でノートに絵を描いて過ごすことが多かった。運動のセンスはあり，体育のときは目立って成績も良かった。実母はスーパーのレジなどの仕事をするがどれも長くは続かなかった。地域の主任児童委員のBさんが母子を心配し，母親が外出中などにA子を家に招いて面倒を見てくれた。母親もBさんを信頼した。小学5年時に，Bさんが地域の少年野球チームにA子を招き加入させた。すぐに上達してチームメイトを驚かせた。このころから友人も増えていった。中学入学後はソフトボール部に入部した。

　小学5年のころから，母親は飲食店で出会った男性（養父）との交際を始め，その後同居し再婚に至った。再婚後，Bさんの訪問は少なくなった。養父は当初A子をかわいがった。しかし，徐々に実母やA子を怒鳴って手を上げるようになった。また，A子が入浴中にのぞいたり，抱きつくなどの身体接触をするようになる。

　中学1年の終わりごろから，ふさぎ込む様子が増えた。中学2年の5月，夜中になっても帰宅せず，母親が担任教師に連絡をして警察に捜索願いを出す。2日して自分から戻ってきた。公園やコンビニなどを歩き回っていたという。養父はA子を厳しく叱り，母親が理由を尋ねるが何も応えなかった。その後も，部活動の後しばらく学校の周辺で友人と過ごし，一番最後に帰宅する日が続く。心配した担任教師が母親に様子を尋ねると，帰宅後は食事を一人でとり，家族と話もせず，すぐに自分の部屋に入ってしまうという。

　6月下旬，顔色が悪いので心配した友人が保健室に連れて行った。養護教諭が発熱を確認したところ，突然「養父が夜中に部屋に入ってきて身体を触り，抱きついてくるから，家に帰りたくない」と語った。同時に「他の先生や親には絶対に言わないでほしい」と訴えた。養護教諭は，重大で放ってはおけない問題と諭し，教頭，校長に伝え，学校から児相に通告した。すぐに児童福祉司（児相SW）が学校でA子と面談し，被害の可能性を確認した。その後産婦人科を受診し，身体検査（異常

なし）を行って，一時保護となった。

　児相SWが母親に連絡し，実母と面接を行う。事情を説明したところ母親は大変驚き，A子の嘘ではないか，養父はそんな人ではないとかばった。その後，司法面接のトレーニングを受けた児童心理司が，事実確認のための面接を行い，性交はないが陰部への接触等性的被害の可能性は高いと判断し，児相は性的虐待およびネグレクトと認定した。母親と養父を呼び，面接で児相の判断を伝えたところ，養父は認めた。

　その後，児相は母親に対して，A子が家に帰るために養父に家を出てもらうことを打診するが，母親は養父との同居を望んだ。児相は母親のみA子との面会を設定するが，A子は「しばらくは会いたくない」と拒んだ。児相SWによる面接で，A子は「養父が出て行って，いなくなった家に帰りたい。それがだめなら近所で一人暮らしをする」と言った。養父の告訴についてA子はそこまでする意志はなく，児相にも告発してほしくない旨を語った。

　A子のこれからの生活の場を，親族宅も含めていくつか検討した。信頼を寄せる主任児童委員のBさん宅での里親委託も検討した。しかし，いずれも介護等の問題があって難しい現状であった。こうした状況から，児相はA子を児童養護施設入所と判断し，両親もそれに同意した。しかしA子は，施設入所になかなか同意しなかった。入所候補となったZ児童養護施設のFSWが面談し，施設の暮らしなどを説明した。数日後には児相SWと一緒に施設を訪問し，C保育士（20代前半の女性）が施設内を案内した。A子は終始ふさぎ目で，職員の問いかけにうなずく程度だった。A子は保護後，児相の一時保護所で2カ月過ごした後，しぶしぶ入所に同意した。

2　多職種協働による支援経過

　生活の様子も含めてA子の経過を記述する。心理面接を含めたT心理士のA子への働きかけ，実母との面接や面会，本稿のテーマである他職種とのやり取りやカンファレンス，コンサルテーションなど，連携や協働に関することも，適宜記述していく。

(1) 入所初日（中学2年7月下旬）

A．多職種によるカンファレンス

　入所にあたって施設のスタッフ全員でカンファレンスを行い，児相から届けられた児童記録票や施設訪問時の様子から，A子の課題を整理した。特に性的被害の後遺症について留意し，当面の方針を話し合った。見学を担当したC保育士が担当となり，心理的ケアの必要性からT心理士も担当となった。T心理士は，当面は寮で随時話をし，様子を見て個人面接を設定することとした。小学校の転校時，なかなか友人ができなかったことなどから，子ども集団にすぐには馴染めないと考え，個室を使用することとした。

B．A子の様子

　夏休み中の7月下旬に入所。ジーパンと黒のTシャツ，グレーのパーカー姿で児相SWと来所した。手荷物は少なかった。スタッフとの挨拶を終え，C保育士がここでの生活について説明する。児童記録票に「ソフトボールが得意」と記されていたので，C保育士はソフトボール部に入部するものと思い確認する。すると「得意でも好きでもないから入らない」と応えた。

C．心理士のA子への働きかけ

　T心理士は入所日に，荷物の整理などいったん落ちついたところで，寮のリビングで改めて自己紹介をする。伏し目がちだが，ときどきはにかんだような笑顔がある。自分は心の担当で，悩んでいることや困ったことなど，少しでも良い方向に改善できるよう一緒に考えるスタッフであること，個人面接で話をする時間を作ることができることを伝える。

(2) 第1期（7月下旬～8月）

A．A子の経過

　数日たつと「暇だから手伝う」と，掃除や食事の片付けなどを率先して行うようになった。手際のよさにC保育士は驚き，感謝した。手伝いが終わると居室に戻り，一人で黙々と絵を描いて過ごしている。描く絵は，居室の窓から見える風景（園庭の花畑と遠くに見える山並みなど）が多い。C保育士は上手なデッサンに感心し，思わず「色もつけてみたら」と促す。水彩絵の具を渡すと，薄く色を丁寧につけ始める。きれいな色遣いに感心する。

B. 心理士のA子への働きかけ

　T心理士は，勤務の日は必ずA子に会いに寮を訪ねて，挨拶を交わした。C保育士から絵のことを聞いていたので尋ねると，「これだよ」と持ってくる。それは，聞いていた絵のイメージとまったく異なっていた。全体が濃い紫色や茶色などで塗り重ねられ，黒くなってしまっている。「気に入らないから塗り重ねていたら，こうなったの」と笑う。T心理士は何と応えてよいか戸惑い，微笑み返すしかできなかった。

C. 他職種との連携

　このことをすぐにC保育士と共有する。「優れた感性と能力を備えた子どもだろうが，自尊心の傷つきを強く感じる。性的被害の影響も考えられるが，離婚後から今に続く家庭環境や今回の入所で，母親から見放された思いがあるのだろう。これまでの境遇に納得できずもがいているうちに，深みにはまって動けなくなるような，そんな絶望的な気持ちなのではないか」，などと話し合った。

(3) 第2期 (9月初旬〜中旬)

A. A子の経過

　新学期が始まった。他の生徒たちが話しかけると少し応じる程度で，一人で過ごす日が続いた。部活動にも関心を示さず，授業が終わればすぐに施設に戻ってスタッフの手伝いをするか，絵を描いている。

　9月中旬の夕食後，小学生の2人が喧嘩で興奮し，C保育士が対応するがなかなか収まらない。すると，食器洗いの手伝いをしていたA子が，突然持っていたコップを床に投げつける。割れる音で皆静まり返る。「いい加減にしろ！」「いつまでも甘えるな！」と叫び，別のコップを床に投げつけた。驚いたC保育士がA子を静止しようと近づくと，「(C保育士が) しっかりしないからこうなるんだ！」となじり，居室に戻ってドアを閉めた。1時間ほどして別のスタッフが居室をのぞくと，ベットに入って泣いていたという。C保育士はA子に何も言えず帰宅した。

　翌日，A子が施設から外出したまま夜になっても戻ってこない。職員が複数でA子を探す。児相に連絡し，SWが家に帰っていないか母親に問い合わせるが，家にはいない。夜の12時を過ぎて，駅の待合ルームで一人で座っているのを男性職員が見つける。切符を持っていたので，「どこに行こうとしていたの」

と尋ねると,「別に。わからない」と応える。施設に戻り,施設長,C保育士,T心理士が,無事でよかったと伝え,理由を尋ねる。下を向いてなかなか応えようとしなかったが,しばらくして「必要とされていないから」とつぶやき涙を流す。

B. 多職種によるカンファレンス

　この事件の後,全スタッフでカンファレンスを行う。C保育士は,「私が何も言わずに帰ったから」と自分を責める。同時に,急に怒鳴って豹変したA子の気持ちがわからないと訴えた。家族から被害を受け,かつ見捨てられたように施設に来たことなどへの怒りと悲しみを抑え込み,一杯になって吹き出し,一番近い存在のC保育士にぶつけてしまったのだろう。そうした自分にも耐えられずに出て行ったのではないか,などと話し合った。C保育士に,自分を責めないよう皆は伝えた。T心理士は,個人面接の時間を作って話を聴いていくことを提案し,スタッフは皆了解する。

C. 心理士のA子への働きかけ

　T心理士はA子に,「今に至るまで,寂しさや怒りなどたくさんの気持ちを溜め込んで頑張ってきたんだと思う。心の中にあること,今の生活のこと,これからのことなど,一緒に考えていきたい」と定期的な面接を提案すると,A子はうなずく。初回の面接では,緊張してうつむいている。それぞれで絵を描きながら話をすることにする。紙と鉛筆を渡すと,すぐに描き始める。薄いタッチで,しかし全体をしっかりとらえて風景を描いていく。その間,会話はほとんどない。T心理士は,「『必要とされていない』という言葉が気になっている,A子はみんなにとって大切な存在なんだよ」と伝えるが,返事はない。A子が描き終えた絵は,海辺で遠くに浮かぶ船を見ながらひざを抱えた後ろ姿の女の子。線は細く,細部までよく描かれているが,寂しい印象を受ける。T心理士が「色はつけずにおこうか」と言うと,A子は「そのほうがいいね」とほのかに笑う。

(4) 第3期 (9月中旬〜10月下旬)

A. A子の経過

　9月の中旬,以前の中学校からA子の私物が残っていると連絡が入り,C保育士がA子を連れて取りに行くことになる。A子はとまどいながらもそれに応じた。到着した中学校の玄関でC保育士は,ショーケース内に並ぶソフトボール

部の県大会優勝トロフィーに目が留まる。職員室に入ると，担任教諭や養護教諭など，多くの先生がA子に駆け寄り声をかけた。ソフトボール部顧問も声をかけてくるが，ソフトボールを続けていないことを知るととても驚く。顧問の話では，A子はソフトボールのピッチャーでエース候補だったという。返り際，部活の仲間にも会って別れを惜しんだ。部活を続けるものと思っている部員は，A子にエールを送った。後日，ソフトボール部顧問からC保育士に連絡が入る。ソフトボールをやらない理由として次のことが頭に浮かんだと話した。Z児童養護施設学区の中学校もソフトボールの強豪校。これまでは敵であり，そこに入るのは元のチームへの裏切りと思っているのではないか，ということだった。

B．多職種による連携・協働

早急に寮のスタッフと本体施設スタッフで，カンファレンスを行った。スタッフは皆，「ソフトボールは好きでも得意でもない」という言葉を鵜呑みにしていたことを後悔し，顧問の指摘を重く受けとめた。ある職員の，「そもそも被害を受けた当事者が施設に行くのは不条理なことなのに，大切な部活のチームさえも離れなくてはならない。A子にとって施設入所を決心することは，部活をやめる決心でもあったんだ」との意見にスタッフは皆納得し，「このままでは取り返しがつかない」と誰もが思った。C保育士は今通う中学校のソフトボール部の顧問に会いに行き，A子のことを伝えた。顧問がキャプテンのD子に話すと，D子は大会等を通してA子を知っており，「似ている子が転校してきたと思っていた」「一緒にやりたいよ」と応えたという。

翌日，D子はA子に入部するよう熱心に誘った。なかばD子に押し切られるように入部となったようだが，帰寮後，入部をC保育士に伝えた表情は，これまで見たことのない笑顔だったという。

C．母親への面接

FSWによる母親との面接は，これまでで5回行われた。A子は母親に会うことを拒み続けた。毎回，A子の施設や学校での様子，スタッフの理解などを母親に伝えた。A子の逸脱行動については，「私がいけないんです」と繰り返した。ソフトボール部への入部については，「ああ良かった」と喜んだ。A子が保護されてから，養父が母親に手を上げることが増えたという。

(5) 第4期（10月下旬～12月）

A．心理士のA子への働きかけ

　面接では，絵を描いて過ごすことが続く。絵のテーマはいつも風景で，海や丘など背景は異なれど，いつも一人の後ろ向きの少女や動物を描いた。話しかけてもうなずく程度なのは変わらない。

　10月下旬の面接で，語る言葉の少ないA子に，そのときどきの思いや気持ちをノートに書きとめ，面接の時間にそれを一緒に読むことを提案した。A子はノートを黙って受け取った。次の面接にノートを持ってきたが，それを開いたT心理士はとても驚いた。そこには，薄く小さな文字でびっしりと2ページにわたって書きこまれていたのである。性的被害のこと，それへの怒り，それを伝えたことの後悔や罪悪感など，複雑な気持ちがびっしりと書きつづられていた。さらに，部活チームから離れた悲しみ，これからの不安など，1週間のなかで次々とわき上がる感情を，まとまらないまま書きつづったようであった。抱える心の重さにT心理士は圧倒され，言葉が出てこない。それでもT心理士のなかでわいてくる感情を言葉にし，A子に確認を求めていった。この回以降，ノートの記述をもとにしたやり取りが始まっていく。

B．A子の経過

　11月上旬に実母から，家にあったソフトボールの用具一式と励ましの手紙が送られてきた。笑顔で道具を受け取るが，手紙を読む表情は真剣だった。このころから，C保育士に対して話しかけることが多くなる。甘えるように腕を絡めることもある。一方で，些細なことでイライラしてC保育士を責めるようにもなる。学校では学習にまじめに取り組んでいるが，部員を除いて他の生徒とはあまり話をしない。部活動の時間は黙々と練習をしているが，他の部員に遠慮しているようだと顧問は言う。

C．心理士によるA子への面接

　面接では，部活動やC保育士の話題が増えた。「部員に悪い人はいない」「でも，自分はよそ者だから。特にE子（ピッチャー）が自分を意識して，きっと嫌なんだと思う」「自分がいなければ，そんな気持ちにならずにすむのに」と語る。T心理士は「プロだってチームを移るときがある。きっとお互いが何か意味ある縁で出会ったんだと思う。A子のせいではない」と伝える。また，C保育

士については，「いつも感謝してる」「わがままな小学生を見てイライラして，Cさんに当たってしまう」「当たった後は，すごく後悔する」と語る。

D. 多職種による連携・協働

C保育士は週に1回，中学校で担任や部の顧問と面談し，A子の様子を把握した。11月上旬にA子の了解を得て，C保育士，T心理士，FSWの3人で前の学校を訪問し，元担任，養護教諭，顧問から，A子の学校での様子を改めてうかがった。ソフトボール部の練習風景も見学し，A子の姿を重ねた。このことは，スタッフのA子の理解を現実感を持って深めることとなった。

(6) 第5期 (中2の1月～3月)

A. A子の経過

部活では，春の大会に向けてレギュラーが決まる。A子は2人目のエースとなる。いくつかの練習試合でリリーフとしてE子を助けることが続き，2人の信頼が深まったと顧問は指摘した。春休みには，D子とE子ら部員が施設に遊びに来て，一緒に外出するようにもなる。後にわかったことだが，春休みにD子とE子と共に母親の新しいアパートを訪ね，母親が洗濯物を干している姿を見て帰ったという。C保育士にきつく当たることは続く。

B. 母親の経過とA子とのやり取り

FSWが母親と面接し，次のことがわかる。この正月から再び養父からの暴力が激しくなり，Bさん宅に逃げ込み，警察を呼んだという。その後女性相談センターに行き，数日過ごした。再び家に帰ってみたが，養父は何も変わらなかった。家を出ようと考えていて，A子の荷物を施設に届けたい，という。3月上旬から母親は隣の市でアパート暮らしを始めた。

3月に入って，母親から荷物と手紙が届く。手紙には，家を出て行こうと考えていること，可能な限りA子が大切だと思うものを集めて送った旨が書かれている。A子が家で描いた絵は母親が持っていることも書かれていた。荷物の中には幼いころからのアルバム，ぬいぐるみ，人形などが入っていた。A子は荷物を見て，懐かしいと涙を浮かべる。C保育士に「母さん大丈夫かな」と心配を話す。

C. 心理士によるA子への面接

面接では，母親のことを話す回が続く。母親が家を出たことに，「今さら後悔

しても始まらないよ」と怒った口調で言うものの,「家を出てどうするんだろう。心配だな」(3月上旬)。「小2のころから放っておかれてた」「小5にはあんな人を連れ込んで」「いつも勝手なんだ」など,過去を思い出して怒る(3月上旬)。「謝ったって遅いよ」「これからも変わらないよ。また別の男の人と一緒になるよ」「でも荷物を届けてくれた。(ぬいぐるみなど) 大切なものがわかっていたんだ」と複雑な表情で,最後は頭を抱えてしまう(3月中旬)。

D. 多職種による連携・協働

母親に対して,児相SWと女性相談センターが協力して支援することを確認し,施設と情報を共有しながら,随時A子に伝えることとした。C保育士は,自分だけにつらく当たるA子への対応に疲れてきているようで,なぜ自分だけに当たるのかわからないとT心理士に訴える。T心理士は,A子の了解を得て,面接で語ったA子のC保育士への思いを伝え,本当は母親に向けたいいろいろな感情をC保育士に向けてしまっている。今は大事なときだと思う,と伝える。スタッフ皆でC保育士をねぎらい,支えていけるよう確認し合う。

(7) 第6期 (中3の4月～6月)

A. A子の経過

C保育士や他のスタッフに幼いころの写真を見せ,思い出話をすることが日課のようになる。「母さんどうしているかな」と,スタッフに尋ねることが増える。これまでは児相SWやFSWから母親との面会を打診されても頑(かたく)なに断っていたが,4月下旬に母親との面会を了解する。A子はC保育士に,「一人だと気まずいから」と同席を依頼する。面会で母親がこれまでのことを謝罪した。A子は黙って聞いていた。以降,母親との面会を毎週行うこととなる。2回目の面会はC保育士が同席したものの,3回目からは二人だけで面会をし,5月のGWは一緒に外出する。

以降,部活動にそれまで以上に熱が入りだし,チームワークの良さにも助けられ,実力を発揮していく。チームメイトを通して級友も増えた。部活動で帰りが遅くなり,スタッフの手伝いも減ったが,C保育士にきつく当たることもなくなり,休みの日はリビングでくつろぐ姿も見られるようになる。夏の県大会では,準決勝で前の中学校と当たって勝利した。昔のチームメイトと健闘を讃え合った。「とても感動した」とC保育士やT心理士に報告している。

B. 母親への面接

　6月に母親から，Z児童養護施設を退所して一緒に住むことが提案される。A子は悩むが，最後は家には帰らないと決める。施設はその気持ちを支持する。週末の母親との面会や外出，FSWとの母親面接は継続することとなる。

　FSWの母親の面接で，母親が「A子は自分の中学時代の境遇と似てきていた」と，祖母の男性関係に振り回され，家の中に自分の居場所がなく，とても寂しかった当時のことを話す。「あの子が自分と同じようにならないよう，私がしっかりしないといけない」と語る。

C. 心理士によるA子への面接

　面接にアルバムを持ってくる。一人ぼっちだったように思うけど，こうして旅行に行ったり，楽しいこともずいぶんあったんだと思った。父親が突然いなくなったときは，何が何だかわからなかった。かわいがってくれる父親のイメージしかない。また，「本当の父さんはどうしているんだろう。会いたいな」と語る。母親と一緒に住むことについては，一緒に暮らしたいが，「今の友だちやC保育士，施設のスタッフと離れたくない。もう築いたつながりは切りたくない。一人になりたくない」と語る。

(8) 第7期 (中3の7月～中学卒業)

A. A子の経過

　児相SWは実父の所在を確認し，実父と面接した。実父はA子のことがずっと気になっていた。小学5年まで，少ない額だが母親に生活費を送り続けていたという。母親はそれを認め，黙っていたことをA子に謝罪する。中学3年の卒業式にA子が実父と再会する。実父は突然いなくなったことを謝り，涙を流しながら高校生活を頑張るよう励ました。以降，年に数回会うようになる。母親もそれを容認した。

(9) その後

A. A子の経過

　その後，A子はソフトボールの特待生で高校に進学した。ソフトボールで活躍し，充実した高校生活を送った。母親は施設の近くに引っ越し，FSWに相談しながら就労を始めた。A子は高校卒業後就職し，母親と暮らした。実業団で

ソフトボールは続けており,国体選手にも選ばれた。母親はA子が誇りだと語った。高校入学後しばらくはT心理士との面接を継続したが,部活動などが忙しくなり,面接を終了した。

B. 多職種との連携・協働

退所後のフォローについてカンファレンスを行う。残された課題として,性被害の影響の懸念が出された。これまで異性との関わりはほとんどなく,ソフトボールに取り組んできた。今後異性と交際する際などに,性被害の影響がどのようなかたちで現れるのか,そのときのためにも施設との関係継続は重要と話し合った。C保育士とFSWが交代で,月に1回はA子の様子を見に行き,関係を継続した。近所でもあったため,A子は時々施設に遊びに訪れた。

II 領域ごとに求められる連携・協働の解説
── A子の事例から多職種協働を考える

1 児童福祉領域における多職種協働

(1) 必須となる多職種協働

児童福祉の目的は,子どもに対して,生きること,安心・安全な生活,基本的で文化的な生活,健全な育ちと自立等を保障することである。その核となる精神は,「子どもの権利擁護」である。国連は1989年に「子どもの権利条約」を採択し,日本は1994年にこの条約を批准した。これを機に,子どもの権利擁護推進の動きが,国内で活発に展開するようになった。権利条約批准後20年たった2016年の児童福祉法の改正では,その理念規定(第1条)に,児童の権利に関する条約の精神に則った法であることを明記した。

「権利擁護」の対極には「権利侵害」があり,権利侵害の最たるもののひとつに「児童虐待」がある。近年の大きな社会問題で,児童福祉領域にとどまらない国家的課題のひとつとなっている。90年代に至るまで,日本は長くこの問題を

否認してきた。実際は高度経済成長期にも存在し，当時，一部の専門家がこの問題に取り組んだものの，国として法律や制度を整備する動きはまったくなかった(増沢，2011)。当時の多くの心理臨床家も同様である。この問題を抱えた家族と子どもが相談室に訪れることはほとんどなく，相談支援対象の一領域となるには至らなかったことが，背景のひとつだろう。その後も不登校，非行，いじめなどの問題の陰に隠れて，児童虐待は潜行していたのである。90年代から始まる家庭内児童虐待への取り組みの強化は，児童相談所のこの問題への関与を活発にした。児相SWや司法関係者等の心理職以外の取り組みによって，ようやく相談対象として心理職の前に現れるようになったのである。心理支援を可能にするために，その前段階からの多職種協働がいかに重要であるかを痛感する。

さらに，児童虐待等の不適切な養育環境に置かれた子どもと家族のニーズは，経済的な課題から心身に抱えた課題まで多岐に及ぶ。そのため，保護された後の子どもと家族への支援においては，それぞれのニーズに対応するためにさまざまな機関や職種が必然的に関わることになる。1990年代以降，今日に至るまでの子どもの権利擁護の大きな流れは，国内の児童虐待の存在を明らかにし，以降，子どもの貧困，居所不明児童，児童ポルノ等の性的搾取，児童就労等，潜在していた子どもの福祉的問題を浮き彫りにしてきた。そして，掘り起こされた問題の重さと複雑さが，多職種協働の必要性をこれまで以上に重要としている。同時に各領域においては，今までの知見や対応の技術では太刀打ちできない事態に直面し，それまでのあり方を踏襲しつつも，新たな取り組みを模索せざるを得なくなっている。心理職も自らのあり方が問われ，子どもと家族に必要な取り組みへの道を拓きつつある。それは，面接室という限られた心理支援の場から出て，子どもの暮らす生活の場を臨床の中心的舞台として，総合的に展開する心理支援のあり方である。

(2) A子の施設入所に至るまでの多職種の関わり

A子が入所するまでの，機関協働の経過を振り返る。

婚後生活困窮を支えたのは生活保護であり，放置され，孤立しがちのA子を支え，地域や友人関係につなげたのは，主任児童委員のBさんであった。性的被害の訴えをそのままにせず，学校から児相への通告につなげたのは養護教諭だった。児相SWは，性被害の疑いから産婦人科につなげ，身体検査を受けさ

せた。児相心理司は事実確認のための面接を行った。

　蛇足になるが，司法面接や事実確認面接は証拠となる事実を確認するためのもので，誘導的質問をいっさい排除したオープンクエスチョンで構成されている。心理職が行う心理面接とはまったく別のもので，司法面接と治療面接は同一人物が行ってはならないのが原則である。こうした理解は，福祉や司法領域で働く心理職にとっては必須事項で，通常の治療面接におけるさまざまな表現をもって，客観的事実と断定してはならない。

　A子の事例では，事実確認面接の開示をもって，性的被害の可能性の根拠として養父に確認した結果，養父が認めるに至った。ここにおいて，被害を警察に告訴し，養父を裁判にかける場合も当然ありうる。日本の場合，被害児への検事等からの聴取が繰り返され，裁判での証言も求められる場合が少なくなく，被害児の精神的苦痛は必至である。被害児に寄り添ってのメンタルケアは，今後心理職に強く求められる役割となろう。また被害の結果，妊娠した場合などは，特定妊婦として小児科，産婦人科，母子保健が濃密に関わることになる。そこにおいても，心理職によるメンタルケアが望まれよう。

　一時保護から施設等への措置となるまでは，児相内の複数の職種と関係機関がケースに関与することになる。A子は児相の一時保護所で2カ月を過ごした。児相ではこの間に，児相SWによる家族や生育歴等の社会調査に基づく社会診断，児童心理司の心理査定等に基づく心理診断，一時保護所での行動観察所見，児相医師による医学診断等がなされ，これらが児童記録票に記載されて入所先となる児童福祉施設に届けられる。つまり児童記録票は，児童相談所での多分野協働によるアセスメントの賜物である。ゆえに，それぞれの診断がばらばらでなく，総合所見として統合されることが求められる。

(3) 包括的アセスメントに必要な多職種協働

　福祉領域において問題の背景や発生メカニズムなどを理解する視点として，個人の素因，養育環境，心的外傷体験などを検討する医学モデルと，支援対象を囲む地域を含めた暮らしの環境すべてを視野に入れ，そこで受ける二次障害など，より広く問題をとらえて検討する社会モデルがある。児童虐待が社会問題となり，虐待の心的影響として強調されてきたのは，心的トラウマや虐待的環境による愛着形成不全などの心的発達の阻害，あるいは不適切な養育刺激の誤学習な

ど，主に医学モデルで理解する視点である。

　A子の場合も，性的虐待による心的トラウマに対する治療的アプローチを第一に考える心理士は少なくなかろう。しかし，施設入所に至る虐待ケースの場合，多くが虐待の直接的影響による心的課題だけではなく，地域からの疎外や中傷，重要な対象や居場所の喪失などの逆境体験に繰り返し遭遇して，その結果，さまざまな二次障害を抱え，問題は複雑化している。こうしたケースへの理解は，医学モデルだけではなく，社会モデルも含めて包括的に理解していくことが必須となる。

　A子は，両親の離婚による喪失体験，その後の経済的困窮による家庭内のストレスと母親への気遣い，孤立した学校生活など，重なる課題を抱えて学童期を過ごした。この状況を変えたのは，Bさんとの出会いと，地域の少年野球チームへの加入だった。少年野球と中学入学後のソフトボール部は居場所となり，友人も増えていく。しかし，養父との再婚後，ようやく訪れたこの良循環は阻まれてしまう。性被害を受け，居場所であるはずの家庭も，そうではなくなってしまう。A子はなんとか被害を訴えたが，このことで家族からの分離を余儀なくされた。施設入所の判断は，家庭内性虐待から救い出した意味で正当であるものの，施設入所に伴う生活環境の変化や，後述するさまざまな喪失などは，その後の生活に大きな支障をもたらすこととなった。

　Z児童養護施設はこのことを認識しており，少しでも新しい環境に馴染めるよう，入所前に施設スタッフが一時保護所に訪問したり，施設見学を行うなどの対応をした。また，カンファレンスを行いA子の課題を整理し，スタッフ体制や寮の選定，個室の利用などの支援構造を含めた当初の方針を設定した。A子の事例で注目すべきは，児童記録票に「特技はソフトボール」と書かれていた点である。当然，スタッフはソフトボール部に入部し，得意な活動を継続してほしいと思ったが，A子はそれを否定した。スタッフはA子の言葉をそのまま信じたが，否定の背景を考えなくてはならなかった。

　多分野協働にとって記録は重要である。しかし，記載された内容の真実や重みまではわからない。A子の場合は，たまたま前の学校への訪問ができたことで，重要な事実との照合がなされた。施設は児相との連携は密にしても，児相が関わる以前の支援機関や支援者とは，距離が置かれがちである。しかし，子どもを正しく理解するためには，こうした機関や人々とつながり，事実を確認する作業が

必要となる。深刻な事情を抱えたケースほど，過去の支援機関との協働による包括的アセスメントが重要なのである。

また，4期にT心理士は，C保育士やFSWと共に前の学校を訪問し，A子のそれまでの学校生活について，生きたイメージをもって把握することに努めている。このことは，ノートに記載されたA子の思いに対し，T心理士が言葉をつむぎだす際の重要な手がかりとなり，A子にとっても受けとめられ理解された実感につながったといえよう。児童記録票の生育歴等の記述は，家族の変遷や虐待に関するものなど，主にストレスとなった事項を中心に淡々と列挙されるのだが，育ちを支えた要件も含めて，人生に影響を与えている事実はたくさんある。その一つひとつに，どのようなストーリーや心情風景があったのかまでを含めて思いをめぐらし，可能な限り事実と照らし合わせながら，子どもが語る人生史に寄り添いたい。

III 他領域専門職が求める心理職のコンピテンシー

1 児童養護施設における多職種チーム

(1) 他職種が心理職に期待すること

児童養護施設は，保育士など複数のケアワーカー，FSW，自立支援員など，多職種で構成されたチーム支援の場である。近年，児童福祉施設に入所する被虐待児が増え，抱えた課題の重さから対応困難な状況が増加している。支援者が子どもの示す行動や症状の背景にある心の動きがわからずに場当たり的な対応をした結果，さらに事態が悪化することは少なくない。

多岐にわたる症状や問題も含めた子どもの全体像の背景を理解して，適切な対応の手立てを講じたいと願う支援者は多い。ケースの包括的アセスメントを的確

に行いたいという願いである。この要請に協力することが、今日の児童福祉施設において心理職のひとつの大きな役割といえよう。

　対応の難しいケースが増加している児童養護施設の現場では、日々の暮らしを支えるスタッフの疲弊感や無力感が問題となっている。それが原因で離職するスタッフもいる。アセスメントを共に行うことは、ケースを理解し、自分たちの支援の意義を確認していく作業でもある。それは、スタッフの疲弊感や無力感を低減させることにもつながる。

　包括的アセスメントの目的は、ケースに関するさまざまな情報が集約され、その情報をもとに症状や行動の背景、心のメカニズムを分析して、より本質的な課題を理解し、それを踏まえた支援の手立てを見出すことである。この作業を集中的に展開する場が、ケースカンファレンスである。児童福祉施設では、日々の生活のなかで複数のスタッフがさまざまな場面で子どもと関わり、それぞれの立場で子ども理解に努めている。また日々の営みのなかでは、新たに知ることや気づくことは実に多い。ゆえに支援者の頭の中の子ども理解は、頻繁に更新されていく。ケースに関わる支援者が一堂に集まり、各スタッフのケース理解を統合し、共有する場が必須で、それがなければスタッフは個々ばらばらな理解と対応を行い、支援は混乱を極めてしまう。重い課題を抱えたケースほど、その危険は高い。逆に各スタッフの子ども理解が総合され、調整されることで、より的確なケース理解と手立ての構築、そしてまとまりのある支援へとつながっていく。

　心理職はチーム全体がアセスメントに主体的に取り組む作業をリードし支えたい。そのためには、ケース検討の場が施設のなかに位置づけられることが重要である。しかし、児童養護施設においてはケースカンファレンスの歴史は浅く、いまだケースカンファレンスをしたことのない施設もある。ケースカンファレンスを行っても、力のある職員が少数で話すのみだったり、情報だけ共有して終了し、ケースの理解を深めたり具体的な方針を設定するまでに至らない場合もある。なかには支援者を批判、攻撃する場となって、かえって支援状況が悪化することもある。そのためか、ケースカンファレンスに馴染めず、抵抗感さえ抱く職員は少なくない。ケースカンファレンスが支援にとって有意義であると、他職種が実感できることを目指したい。

　A子の事例においては、ケースカンファレンスは有効に機能したといえよう。まず、入所前にカンファレンスを行い、当初の方針を立て、C保育士を中心に他

2名のケアワーカー，T心理士およびFSWがチームの核となって支援を行い，必要な時期に個別面接を行う方針とするなど，それぞれの役割を決めている。こうした支援構造の取り決めは支援の基盤となる。

　次いで，9月中旬のA子の突然の怒りの表出と，その後失踪を機に行ったカンファレンスでは，A子の行動の意味や背景を考えた。こうした行動が起こるとルール違反などと見なし，その行動が繰り返されないよう指導，説諭するという方向に向かいがちである。ここで少し立ち止まり，行動の意味や背景を考えることが重要で，ケース全体の理解の深化へとつながっていく契機となる。A子のケースでは，この出来事がカンファレンスを開くきっかけとなり，A子へのチームの理解をさらに深めている。

　9月下旬，以前の中学校に訪問した際，ソフトボール部がA子にとってかけがえのない場であったことがわかる。この直後にもカンファレンスを行い，この事実をチームで共有し，更なる洞察を深める場となった。支援チームは，性被害を受けたうえでの意に反する施設入所であったこと，部活を続けられなかったA子の無念さへの理解を深め，大切なことを奪うことになる危機感を抱くに及んだ。その結果，A子にとって大きな人生の岐路修正ともいえる展開を可能とした。

(2) 重層的なサポート体制

　チームが良好に機能するためには，日々の生活に濃密に関わる担当スタッフを寮内の他のスタッフが支え，それを本体施設の職員（施設長，基幹的職員，心理職，FSW，他の寮のスタッフなど）が支え，さらに児相等施設外の機関が支えるといった，重層的なサポート体制が重要となる。担当スタッフに抱え込ませず，孤立を防ぎ，支援することである。カンファレンス，上司からのスーパービジョン，専門職からのコンサルテーション，パニック時など対応困難な場面への他スタッフの介入などは，すべて重要なサポートとなる。

　T心理士は入所前のカンファレンスで，入所時から心理担当としてA子の支援を行うことと決まった。このことは重要である。必要なときに随時関わるといったスタンスでは，心理職は動きづらく，逆に機を逃してしまいやすい。役割が明示されたことは，C保育士の相談に応じやすくなり，コンサルテーションの場は設定しやすくなる。こうした支援の枠づくりを構築するために，心理職は入

所にあたってのカンファレンスに必ず参加し，必要な支援内容と役割分担を提案し，その根拠を丁寧に説明する必要がある。

　Ｔ心理士は，毎日のように寮を訪問し，Ａ子とＣ保育士との関係を支えるというスタンスを基本とした。このことで，寮で起きていることが現実味をもって共有され，理解を進ませた。かつ，Ｃ保育士にとっても，Ｔ心理士が共にいてくれ，支えられている実感を得ることにつながった。Ｃ保育士がＡ子に対するネガティブな気持ちを表現できたのも，こうした関係ができたからこそと考える。心理職が別のところにいて，スタッフの話だけ聞いてコンサルテーションを行う場合，子どもの状況を現実味をもってつかみづらく，そのため抽象的な理論や知見を一方的に伝えることになりやすい。Ｃ保育士は，９月中旬に起きたＡ子の怒りの表出や突然の失踪，10月下旬からの日常的な八つ当たりに，Ａ子に対する対応の難しさを感じ，苦手意識さえも生じ始めた。Ｃ保育士に対するより強い支援が必要なときである。それまでに築かれてきたＴ心理士とＣ保育士との関係がＣ保育士への支援を可能とし，この難局を乗り越えていく力となった。

2  施設外の多機関協働

(1) 喪失体験の補償とそれまでのつながりを断ち切らないための協働

　人間は，大切な対象とのつながりのなかで生きている。社会的養護ケースのなかには，家族構造や居住地が一貫せずに，不安定な環境下で暮らしてきた子どもたちが少なくない。たとえば，離婚や別居などによる養育者の変更，頻繁な転居や転校，住民票もなく居所を点々とするなどである。その都度子どもたちは，多くの重要な対象とのつながりを断ち切られていく。頼るべき養育者がいなくなる体験，ようやく馴染んだ生活環境から離され，見知らぬ場に連れていかれる体験は喪失体験となり，それ自体大きな心の痛手になる。さらには，人生の一貫性や連続性を分断させ，アイデンティティの形成に深刻な影響をもたらしてしまう。

　施設入所は，虐待等の不適切な環境から子どもを分離し，健全な環境下に移して，心身の回復と健康な育ちを保障するためにとる措置である。しかし，そのことも，「喪失」と「分断」いう大きな心の痛手が伴うものとなる。Ａ子の場合，

被害の告白からすぐに一時保護となり，2カ月後には施設での暮らしとなった。突然離れた家や学校には，大切な人や物が残されたままである。また，A子は家庭以外の場に，大切な居場所を見出していた子どもである。小学2年の転校後孤立する自分を支えてくれたのは主任児童委員のBさんであり，地域の少年野球から続くソフトボールは生き甲斐であり，自分の居場所となった。友人関係を築いていく大切な基地となりえた。家族からの分離措置は，単に家から離れるだけでない，それまでの居場所や自分を支えてきた有形無形の大切な対象から断ち切られるのである。その悲しみや不安，不条理さへの怒りは計り知れない。

　こうした喪失と分断の苦しみを少しでも和らげるには，重要な対象とのつながりを，可能な限り維持することである。それには，それまで子どもを支えてきた施設外の機関や人との協働が必須となる。9月下旬にたまたま前中学校を訪問したことは，大きな意味を持った。A子にとってのソフトボールの意味に気づけ，その後ソフトボールを継続できたことは，後のA子の回復と成長を根底で支える力となった。大きな岐路修正が学校訪問によってもたらされたのである。もし，この重要な資源に気づけずにいたら，A子の施設生活はどうなっただろう。すべてにやる気をなくし，自暴自棄におちいった可能性は充分に考えられる。実際施設を飛び出し夜中までさまよったのは，そういう気持ちからだったのだろう。このときのスタッフの気づきと対応は，深刻な二次障害を招く危険を回避できたと見ることもできよう。

　A子のケースが教えてくれているのは，それまでの重要な対象や活動とのつながり，継続のためには，現在の支援者が過去の支援者とつながり，重要な対象や活動を見出し，つながることの大切さである。

(2) 人生の連続性と一貫性を保障するための協働

　人間は生まれてからの連続性のある人生史の上に，今の存在がある。それは家族，学校や職場など，長期に一貫した環境がベースとなって出来上がるストーリーである。頻繁な養育者の変更や居場所の変更など，ベースとなる環境の急激な変化は，こうした人生の連続性を断ち切ってしまう。

　子どものいる一般の家庭では，日常のさまざまな場面で，子どもの小さいころの思い出が盛んに話題となる。初めて歩いたときの様子，初めて行った旅行，七五三のこと，お気に入りだった絵本，夢中になったヒーロー，肩車してもらっ

たことなど，多くは良い思い出として懐かしみ，アルバムやビデオなどを一緒に観ては語り合う。お茶の間のテレビ番組で，家族で行った旅行先の映像などが流れると，そのときの思い出話に花が咲くなどは日常のありがちな光景である。こうした家族の会話は，肯定的な自分史を創り出していくうえで非常に重要な場面となる。それらは，生育歴として記された事実の列挙とは違った，主体的に再編された人生ストーリーである。良き体験をした者同士（多くは家族，そして友人）が，過去を懐かしみ，記憶を分かち合うことで，思い出はより肯定的なストーリーとしてふくらみ，心に刻まれていく。

　しかし，繰り返し家族が変わり，居場所も変わって友人もいなくなれば，そうした思い出を共有することができない。社会的養護の子どもたちは，過去を懐かしむ会話が圧倒的に乏しくなる。施設職員や里親がその子どもの過去をよく知らないため，過去の具体的な体験をイメージできないからである。誰とも共有できなければ，大切にされた体験や大切にした居場所があったとしても，その記憶はおぼろげとなり，消えてしまうかもしれない。

　それに対して，悲しみや苦しみ，恐怖体験などは，心に深く刻まれ，なかなか消えないものである。思春期に至った社会的養護の子どもたちがよく口にすることは，「自分の過去は何も覚えていない」「すっかり穴が開いたようだ」「悪い思い出しか浮かばない」などといった言葉である。A子もそうなる可能性は充分にあったといえよう。学校への訪問は，このことをスタッフに自覚させる貴重な機会となった。

　ソフトボールを継続できたことで，過去のソフトボール部員との接点も切れずに済んだ。また，新たにD子とE子との関係が築かれ，5期には彼女らが施設に遊びに来るほどとなり，さらには共に母親のもとを訪ねている。その後，母親との面会が始まり，母親との関係の再構築へとつながっていく。6期には，母親から届けられたアルバムやぬいぐるみを見ながらA子は思い出話を語り始め，実父との再会も果たす。断ち切られた過去をつなぎ，A子の人生を連続性のあるものに再構築していった過程といえよう。

　このことは，A子の思春期の自尊心を支えるうえで，非常に重要である。日々の様子は入所当初と比べて，明らかに健康的である。ソフトボールという重要な居場所の継続は，新たな関係を育み，その関係が過去の関係の修復や新たな関係の構築へと広がりをみせ，連続性と一貫性のある自分史づくりを可能とした。

3　求められるコンピテンシー――まとめとして

　児童福祉の現場で求められる心理職のコンピテンシーをまとめると，以下のようになろう。

A．子どもの権利擁護を基盤とすること
　心理的な側面から，子どもの最善の利益を常に考え，チームに提示し，支援につなげていく姿勢。

B．多職種とチームを組むためのコミュニケーション力
　多職種の理解，チームの一員であることの自覚と他支援者の尊重，基本的な社会性，簡潔でわかりやすいプレゼンテーション力，その他。

C．ケースの包括的なアセスメントを行う力
　面接場面から日常生活での行動観察，アセスメントに必要な情報把握の視点，子ども（保護者）の願いと言葉にならないニーズを受けとめる力，生育暦や家族状況と現在の子ども（保護者）の状態を結びつけて検討できる力，子ども（保護者）の良き素質や潜在する能力を見出し支える力とすること，支えとなってきた人や資源の評価，現在の環境と子ども（保護者）との相互性を検討できる力，自分たちの支援を評価する力など。

D．支援チームによるケースカンファレンスの質的向上への貢献
　記録や申し送りなどの情報共有を確実に行うこと，寮単位で行う小規模のカンファレンスから全職員で行うものまでのさまざまなカンファレンスが施設内で機能するような働きかけ，ケースの資料作成や進行への協力，ケースについて話しやすい雰囲気づくり，そのほか行われるカンファレンスがアセスメントの深化とチームによる支援の向上につながるようなあらゆる働きかけ。

E．日常的なコンサルテーション
　日々の事象を，時機を逃さずに支援チームと共有し，子どもの言動や変化等の意味について，心理的側面からの所見を伝えること。日々の支援者の取り組みの意味と意義を伝え続けること。

F．心理面接の技術
　全体の支援から乖離せず，統合された展開であること。

G.　社会的養護に伴う課題や配慮すべきことへの手立て

社会的養護のシステムや流れを十分に理解し，それぞれの対応に伴うリスクにも目を向け，子ども（保護者）への影響を検討できること。たとえば，施設入所などに伴う人生の連続性の分断や喪失，あるいは逸脱行動に対する一方的な叱責など，二次障害につながる可能性への気づきと予防的手立てに努めること。このことはやがて，既存のシステムや対応のあり方の改善へとつながる。

H.　その他

職員間の力動を読み取り，良好な支援チームづくりへの貢献，職員のメンタルヘルスへの支援，施設外の地域支援への貢献などが挙げられよう。

IV　他領域専門職への伝え方

1　他職種から理解され，信頼される心理職であるために

心理職が児童養護施設に公的配置が認められたのは1999年で，それから20年が経過した。T心理士のように勤続年数が10年を超える心理職も少なくない状況となった。

児童福祉施設は生活施設であり，心理職の導入前からすでに子どもの課題解決に向けた生活臨床を，生活指導員や保育士等の協働において展開してきた歴史がある。そこに心理職が加わったときに，心理職は子どもの生活にどのように向き合うかが，中心的課題のひとつとなった。心理面接が現実と隔離された枠組みのなかで行われる作業と見なされ，それを学んできた心理士にとっては，混乱のもととなった。しかし，児童養護施設の環境において，現実と隔絶した展開を進めることは極めて困難である。日常生活で子どもに会ったら挨拶は交わすだろうし，子どもを避けて施設内を動き回る姿は，常識的に不自然である。逆に，心理職が生活の場であることの利点を生かし，生活のさまざまな場面に関わること

で，子どもの日々の様子をそのまま把握でき，かつ子どもを取り囲む暮らしの環境に働きかけやすくなる。T心理士の実践はそれを示したものといえよう。

　ただ，T心理士のような実践を展開するためには，他職種から認められ，信頼されなくてはならない。信頼されチームの一員となるためには，まず同じ目線で事態を見つめ，苦楽を共に分かち合う基本的姿勢が大事である。T心理士は毎日寮を訪問し，A子の経過を他職員と共に受けとめ続けた。自分だけが蚊帳の外にいては，いくら正論を述べたとしてもその言葉は届かない。特に経験の浅い心理職ほどその姿勢が重要となるが，大学や大学院で心理臨床を学んですぐに現場に入った心理士ほど，このことが難しい。その学びは，病理や主訴に焦点を当てた医学モデルを中心としたケース理解であり，そこから見出された心的課題に対する心理支援技法の習得に，力点が注がれ，置かれている境遇やこれまでの人生といった総合的な学びが十分ではない。大学や大学院で福祉現場の実習を積むなどして，この領域で求められるケース理解のあり方，そのための心理職のあり方や機関協働のあり方などを，学生の段階から学べる環境であることを願いたい。

【文　献】

増沢高（2011）戦後日本の主な虐待事件をめぐって．こころの科学，159，74-80．
増沢高（2012）虐待を受けた子どもの喪失感と絶望感．こころの科学，162，41-45．
増沢高・青木紀久代編著（2012）社会的養護における生活臨床と心理臨床――多職種協働による支援と心理職の役割．福村出版

第5章 矯正領域

渡邉 悟

I 事例〈架空のシナリオ〉

1 概要

(1) 所属機関と心理専門職の特徴

A. 所属機関

　少年鑑別所は少年法と少年鑑別所法に基づき，20歳未満の非行のある少年を収容して，その少年がどうして非行に走ったのか，どうして非行を繰り返しているのかといったことを調査する矯正施設である。この業務を「鑑別」というが，少年鑑別所ではこのほかに，関係機関と連携しながら地域における犯罪・非行の防止を援助する業務，すなわち「地域援助」にも取り組んでいる。実は，少年鑑別所は発足当初から，「一般少年鑑別」と称して，地域の非行のある少年やその保護者からの心理相談に応じてきた。ただし，これは鑑別に支障のない範囲で行われる，いわば副業的な位置づけの業務であり，対象者も少年とその保護者に限られていた。それが，2015（平成27）年6月に少年鑑別所法が施行され，地域援助が本来業務の一つに位置づけられたことに伴い，対象者の条件が外れるとともに，広く関係機関との連

携も求められることになった。そして，この業務を行うために，少年鑑別所は「法務少年支援センター」という別名を使用している。

　少年鑑別所は現在，全国に 52 カ所設置されており，少なくとも 1 人以上の心理専門職（以下，心理技官）が配置されている。心理技官の配置数は，施設の規模によって多寡があるが，本事例の少年鑑別所は中規模の施設であり，同所には所長以下，5 人の心理技官が勤務している。

B．心理専門職

　本事例の対象者を担当したのは T 心理技官（以下，T 技官）。採用 5 年目の 20 代後半の女性。大学院修士課程修了後，法務省専門職員（人間科学）採用試験・矯正心理専門職区分に合格して，首都圏の少年鑑別所で採用され 3 年間勤務した後，2 年前に Z 少年鑑別所に着任した。

　本事例の保護者や担任教諭を担当したのは，U 心理技官（以下，U 技官）。採用 10 年目の 30 代半ばの男性。大学院修士課程修了後，国家公務員 I 種採用試験（人間科学）（現国家公務員採用総合職試験〈人間科学〉）に合格して法務省に入省。複数の少年鑑別所と刑務所で勤務した後，1 年前に統括専門官（考査担当）として Z 少年鑑別所に着任した。

(2) 対象者とその家族

A．対象者

　A 君。公立高校 2 年生の 16 歳の男子。実父，実母，対象者の 3 人家族。小学校時代から学校内で物を盗む，火遊びをするといった問題行動があり，高校入学後も，級友のゲーム機やスマートフォンを盗んで壊すといった問題行動が疑われ，現在，登校を一時停止させられている。

B．父親

　40 代後半の会社員。外見は若作りで，物わかりが良さそうに見えるが，対象者に対しては幼少期から体罰を加えてきたようである。ただし，最近は対象者のほうが体格的に大きくなっていることもあり，口で言うだけで手を出すことはなくなっているという。

C．母親

　実父と同年齢の専業主婦。うつ病の既往歴があり，やつれた印象を与える。以前ほどではないものの，些細なことから気分が沈みがちとのことである。口うるさい

ところもあるが，対象者の言い分を鵜呑みにしたり，かばったりすることが多いという。

2 面接および連携・協働の経過

(1) 相談が始まるまで

X年6月初旬，地元の警察所管の少年サポートセンターから，「ある高校のスクールカウンセラー（SC）から，学校内での盗み等の問題行動があって指導に苦慮している生徒がいるとの相談を受けたが，少年サポートセンターが関わるにしても，一度きちんとアセスメントしてもらったほうがいいと考え，法務少年支援センター（以下，当センター）を紹介した。相談があった場合はよろしく」との電話があった。

その後，対象者の在籍する高校のSCと担任（20代後半の女性）から少年サポートセンターより紹介されたとのことで，「学校内での盗みや粗暴行為があって指導を続けているものの，なかなか浸透せず，どのように指導すればいいかわからない生徒がいるので，コンサルテーションをお願いしたい」との電話があり，まずはU技官が担任の相談を受けることにした。なお，SCは，他の生徒の対応に追われているためこの生徒にまでは手が回らないといったことを，申し訳なさそうに漏らしていた。

X年6月中旬，担任が来所し，U技官が面接を実施した。担任によれば，対象者はこの4月に2年生に進級した生徒で，小学生のころから学校内で物を盗む，火遊びをするなどの問題行動が始まり，高校入学後も，級友のゲーム機やスマートフォンを盗んで壊すといった問題行動が疑われている。担任や生活指導の教諭が事実を問いただそうとしても，対象者はそれらの問題行動をほとんど認めず，強情で対応に困っているという。被害者のなかに女子生徒がいて，その生徒と保護者が怖がっていることもあり，現在は，登校を一時的に停止しているとのことであった。

U技官は，窃盗等の問題行動が早発しているにもかかわらず，今のところそれが学校内にとどまり，生活の崩れも見られないことから，学校の働きかけによる

何らかの効果があるのではないかとの感想を伝えた。そのうえで，否認している対象者に厳しく問いただすよりも，一緒に考えるというスタンスで対象者と率直に話し合ってみてはどうかと助言した。担任は，対象者への疑いから事実を問いただされねばとの思いにとらわれ，心を開いて話し合うゆとりが持てなかったことを認め，今後はそうしたスタンスを心掛けてみると述べた。当センターでの相談を継続するかどうかについては，今回の結果を高校に持ち帰ってから決めたいと希望したため，それを待って，当センターの対応も決めることにした。

その1週間後担任から，復学の目処をつけるという目的もあって，生活指導の教諭と2人で対象者宅を家庭訪問したとの電話があった。担任によれば，対象者は一日中スマートフォンをいじっているような生活ぶりで，父親は忙しい，母親は体調が悪いとのことで，対象者の指導を放置している状態であったという。対象者は高校への復学を希望しており，高校側としても復学を促したいが，現在の対象者および家庭の状況では再び問題行動を起こすおそれがぬぐえないため，高校の意向としては，当センターにおける対象者と両親の相談の結果を見て，復学の可否を判断したいとのことであった。なお，担任が対象者と両親に当センターでの相談を勧めたところ，前向きであったという。

こうした経緯を踏まえ，当センターにおいて所長も含めた心理技官全員で事例検討会議を開催し，相談を受けるという方針を決定した。そして，①援助の目的は，基本的に対象者の復学調整のための参考意見の提示に置くこと，②対象者が率直に相談できる場を確保し，その心情と問題行動の分析を行うこと，③対象者と両親，対象者と高校の対立的な関係が円滑なコミュニケーションを阻害している可能性があるため，相談の過程でその関係修復に配意すること，④対象者の担当をT技官，保護者および担任の担当をU技官とすること，などを確認した。

(2) 対象者および両親との面接（1回目）

X年7月初旬，A君，両親，担任の計4人が来所した。今回の相談の目的と当センターの担当を伝えた後，導入として来所した全員に，この相談で何を目標にし，どんなことを期待しているかを語ってもらった。

> 担任：（学校で）A君の近辺で物がなくなることが続いたが，A君は自分
> （が盗ったの）ではないと述べたため，確認できず困っている。また，A

君の生活ぶりからは，何かうまくいっていないように見える。この相談を通じて，自分自身への理解を深め，今後の高校生活をどう送るか考えてほしい。

A君：しばらく学校を休んでいるので，何か落ち着かない感じがする。早く高校に戻りたい。

実父：相談したいことはたくさんあるが，まずは学校に戻り，高校を卒業してほしい。そのためには，ルールを守って，正しい判断ができるようになってほしい。そして，嘘をつかないでほしい。

実母：Aは自分を良く見せようとして，やったことをやってないと言う。本当のことを認められるようになってほしい。今後どのように接すればよいか，私たち（両親）にも助言がほしい。

この後，A君とT技官は別室に移動し，U技官はその場で両親との面接を行った。担任は導入終了後，高校へ戻った。

A. 両親との面接内容

母親が中心になって話をし，父親がときおり口をはさむかたちで面接は進んだ。母親がこれまでのA君の問題行動を説明すると，父親がいくつかの問題行動について，「それは知らなかった」と驚く場面もあった。そして，両親とも，A君がどうしてそうした問題行動を起こすのかわからない，このままではもっと大きな非行を起こすのではないか，と心配していた。

A君の最近の生活ぶりについては，父親が「高校から謹慎を求められているので，家からは勝手に出るなと強く言っており，それは守っているものの，スマホをいじってアニメや女性アイドルのサイトを閲覧しているようだ。高校生としてもっとやることがあるだろう」と嘆いた。それに対して母親は，「私の体を気遣って少しは家の手伝いもしてくれている」と，A君をかばうような発言をしていた。U技官は，問題行動の背景には，言葉で伝えることが難しい欲求や願望が隠れている可能性があること，一般的にはそうした願望などを言葉で表現し，わかってもらったと感じることが，行動変化のきっかけになると考えられることなどを説明し，叱責する前に事情や，本人がどのような気持ちでいるのかを確認してみてはどうかと提案した。両親は「なるほど」と言いながらも，A君の行動を管理しなければ，もっと大変なことになっていたのではないかと述べてい

た。
　A君と担当者の面接が終わったため両親との面接も終了し，次回の相談についてどうするか尋ねたところ，両親はもう一度相談したいと言うので，次回も両親とA君が来所することになった。

B．対象者との面接内容

　両親や担任と離れた場面で，改めてA君は何を問題と考えていて，どうなりたいと思っているのかについて尋ねた。A君は当初は口が重かったが，次第に，「自分がイライラをコントロールできず，人を傷つけたり，周りに迷惑をかけたりしてしまう」と述べ，「イライラしたときに誰かに言えるようにならないと」とか，「自分に正直になりたい」といったことも口にしていた。イライラの原因を問うと，本当は弱いのに，人前では弱い自分を見せたくなくて背伸びをしてしまい，「人と違うこと，人から注目されるようなことをしたいと思うが，結局，できない自分にイライラする」と述べていた。盗みが疑われている状況については，「身に覚えがない」と否認する反面，「疑われても仕方がない」とあっさり受け入れるような発言や，「疑われるようなことをしないようにしたい」との発言もあった。

　こうしたやり取りからは，前評判ほどの強情さは見受けられず，むしろ自分に対するもどかしさを感じている様子がうかがえた。次回以降は，引き続きイライラする気持ちの扱い方や，疑われるような状況をどう変えていくかについて話し合おうと伝えて，面接を終えた。

C．対象者および両親との1回目の面接後の事例検討会議

　両親は，A君の自己統制力や判断力などを疑問視し，何かあるとA君への管理を強めてきたようである。背景には，A君が小学校時代から問題行動を繰り返し，その対応に追われるなかで，A君の成長を信じたくても信じられず，自発性や主体性に任せることができにくくなっている様子が見受けられた。

　一方，A君は強情で手ごわいという事前情報に比べると，こちらがきちんと聴く姿勢を示せば，ある程度素直に話してくれるという感触が得られた。特に，無力感や弱小感を感じていて，それらを払拭するために背伸びをしているということを自覚している点は，評価できた。そうすると，A君の問題行動には，無力感などをうまく払拭できないことに対する腹いせ，という意味合いがある可能性が推察された。

次回の面接では，両親に対してはA君への接し方を変えるように助言し，また，A君に対しては，両親との関係を振り返らせて，歩み寄りを促すこととした。

(3) 対象者および両親との面接（2回目）

X年7月下旬，A君と両親が来所し，2回目の面接を行った。

A. 両親との面接内容

両親は開口一番，先日，高校の友人へのグループLINEに，「女性と酒を飲んでいる」といった嘘の書き込みをし，それが担任の知るところとなって家庭に連絡があったという。家から勝手に出ることはなかったので，またこんな嘘を書いているのかとショックを受けたと述べる。父親は「なぜこんなことをしたのか」と優しく尋ねたものの，A君は黙り込んでいたという。母親は「あの子は何を考えているかわからない」と述べる一方で，父親があそこまで我慢して尋ねたのは初めてと評していた。

そこで，前回の面接における当センターの見立てを伝えたうえで，両親や担任には素直に話しにくいようだが，A君なりに問題行動の原因を考え，何とかしたいという思いを持っているので，A君の気持ちを知りたい，力になりたいと考えていることがA君本人に伝わるような関わりをしてみること，そして，粘り強く対話を重ねて，A君の気持ちや本音を理解する努力を続けていくことが大切，と助言した。また，担任からの連絡は，生活管理を強めてほしいというよりもA君を心配してのことである旨伝えると，両親は「それはわかっている」と応えた。

B. 対象者との面接内容

最初に，前回の相談の後に「両親と何か話をした？」と尋ねると，自分から親に話すことは苦手なので，特に何も話していないという。その理由については，どちらかといえば母親は話しやすいが，父親は短気で，子どものころは暴力をふるわれて怖かったし，自分の言い分を聞き入れてくれず，いつも父親の意見を押しつけられてきたからという。そうした父親に対する畏怖や，何を言っても聞き入れてもらえないとの諦めから，父親の前では萎縮し，率直な自己表現ができなくなっているようであった。

A君によれば，前回の相談以降，父親の態度は少し軟化してきたと感じるが，

それでも父親の存在は相変わらずプレッシャーであるという。A君は，自分にとっての学校は親から解放されてのびのび振る舞える場であり，そうした居場所を失うのはつらいので早く学校に戻りたい，といったことを述べていた。T技官はA君に対し，「率直に話してくれたおかげで，A君にとっての学校の大切さがわかった」と伝え，次回は学校に復学するうえで必要なことを話し合うことにして，面接を終えた。

面接終了後，A君と両親を交えて話し合い，両親には何かあれば連絡をもらうことにして，次回はA君のみが来所することになった。

C．対象者および両親との2回目の面接後の事例検討会議

両親のA君に対する不信は強いものの，自分たちの対応を変えようとする姿勢を見せ始めているため，当面，その努力を促すという方針は適当と考えられた。一方，A君が父親に対する感情を素直に話してくれたことで，家庭における緊張感の高さや，安心感を得られにくい様子，それゆえ学校に逃げ場や，のびのびとした自己表現の場を求めていることが理解できた。次回の面接では，A君と復学に向けての留意事項を話し合い，当センターでの面接はいったん終結することとした。

(4) 対象者との面接（3回目）

A．対象者との面接内容

X年8月上旬，対象者のみで来所した。今回は復学に向けてこれまでの問題行動を振り返ろうと提案したところ，学校内での盗みは依然として否認したが，疑われる状況を思い出してみると，両親との関係をはじめ，級友や担任とも「うまくいっていなかった」と述べた。そのなかで，そうした自分を認めたくなくて，自他に対するいら立ちやおもしろくない気分を抱えていたという。「自分のことをよく考えているね」と褒めると，「停学中でヒマだから」と照れたように応えた。そして，父親はまだ話しにくいが聴く耳を持ち始めているので，自分から両親に相談してみるという。

復学にあたって学校に要望はないかと尋ねると，「自分が変わればいいから，先生たちに要望はない」と言いつつも，これだけ休んでいると高校に戻ってもすぐには慣れないと思うので，困ったりイライラしたりしたら担任に相談すると述べる。これまでの経緯を見ると，両親や担任に率直に相談するのはそれほど簡単

ではないと思われるが，A君なりに現状を打開して，学校に戻りたいという意欲はあることがうかがわれた。

　最後に，復学を考えるための面接は今回で終了するが，いつでも当センターで相談ができることを伝えて面接を終えた。

B．対象者との3回目の面接後の事例検討会議

　一連の面接を通じて，両親や担任が思うよりもA君は素直で健康な面が残されており，復学意欲も認められるため，復学は可能と判断された。ただし，A君と両親，A君と担任の関係が，一朝一夕に改善するとは思えないことから，それぞれの間を取り持つ存在が必要と考えられた。そうした存在としてはSCが適当であるが，SCは忙しい様子であるため，少年サポートセンターのスクールサポーターにお願いし，定期的に高校に出向いて声掛けをしてもらったり，必要に応じて面談をしてもらったりするのはどうか，との意見が出された。また，スクールサポーターが関与することになれば，A君の復学に関して，A君を怖がる女子生徒とその保護者の納得も得やすいと思われた。そして，スクールサポーターの派遣には，高校からの派遣要請が必要であるため，当センターから高校と少年サポートセンターに呼び掛けて，ケース検討会を開催することとした。

(5) ケース検討会

　X年8月下旬，当センターがハブ機関となり，高校と少年サポートセンターによるケース検討会を開催した。その検討会には，当センターからT技官とU技官，高校から担任とSC，少年サポートセンターからスクールサポーターが出席した。当センターは，①A君は内心に無力感や弱小感を抱えており，それを払拭しようと見栄を張ったり背伸びをしたりするが，結局思うように払拭できず，いら立ちから腹いせ的な問題行動に出ていると考えられること，②A君なりにそうした自分の心の動きに気づいており，周囲の大人が思うよりも自分のことを振り返る力はあること，③両親や担任がA君への対応を変化させ始めており，A君もそれを感知して応えようとする姿勢を示していること，④家庭で圧迫感を感じてきたA君にとって，学校は息抜きの場，あるいは自己表現の場となっており，そのぶん復学の意欲は強いこと，などの所見を報告した。

　その後，A君に関する今後の対応の検討に移り，最終的な判断は高校に任せるとしても，復学した場合の方針として，第一次的にはスクールサポーターが担

任や SC と協力して,声掛けなどにより A 君を見守り,必要に応じて面談すること,また,A 君が何らかの問題を起こした場合は,担任が当センターに連絡し,当センターは改めてコンサルテーションを行うことなどを決定した。

また,高校,少年サポートセンター,当センターの出席者の間では,非行などの問題行動のある対象者の場合,本人が自分の気持ちをうまく伝えられないことが多いため,周囲の大人が対応に困って本人のことを悪く見がちであるが,この事例のように寄り添いながら面接すると本人の素直で健康な面が見えてくるので,先入観にとらわれることなく傾聴することが大切という認識が共有された。

(6) 復学後の経過

ケース検討会の結果を踏まえて高校は A 君の復学を認め,A 君は 2 学期から登校を再開した。復学後 1 カ月ほどして担任から T 技官に電話があり,A 君は高校を卒業したら海外留学するなどと大風呂敷を広げることはあったが,スクールサポーターに支えられて通学は維持されており,盗みなどで疑われることもないとのことであった。それでも,担任が「今の接し方でいいかまだ自信がない」と言うので,T 技官は「A 君には行動の変化が現れており,自信を持っていい」と励ました。そして,「今後も迷ったら,遠慮せず相談してほしい」と伝えた。

X 年 12 月,SC から A 君が 2 学期の期末テストを無事終了したとの連絡があった。その際,担任も電話に出て,「A 君ばかりでなく自分も支えられた」と礼を述べていた。

II 領域ごとに求められる連携・協働の概説

矯正領域のシナリオとして少年鑑別所における地域援助の事例を提示したことに,驚かれた読者も多いかもしれない。矯正領域における心理技官の業務といえば,矯正施設における心理アセスメントや心理的援助をイメージされると思われるが,少年鑑別所(法務少年支援センター)ではこのシナリオのように,少年サ

ポートセンターや学校，児童福祉機関，精神保健福祉機関等と連携しながら，一般のかたからの心理相談にも応じている。その意味では心理技官の職域が広がり，矯正施設内での他職種との連携はもちろん，関係機関，そこで勤務される心理職，さらには心理職以外の職種のかたと連携する機会が増えている。

ところで，ここまで矯正という用語について特に注釈することなく使用してきたが，「矯正」とは，矯正視力，歯列矯正といった使用例があるように，一般的には「欠点などを正しく改めさせること。まっすぐに直すこと」（『大辞林（第3版）』三省堂刊）という意味である。ただし，本章で用いる「矯正」は，法の定めによって収容された犯罪者や非行少年に対して改善更生に向けた働き掛けを行うことを指し，わが国では法務省矯正局が所管する矯正施設において実施されている。

矯正施設には，刑務所，少年刑務所，拘置所，少年院，少年鑑別所，婦人補導院があり，このうち，刑務所，少年刑務所および拘置所は，刑事施設と呼ばれる。そして，刑事施設と少年鑑別所には，少なくとも1人以上の心理技官が配置され，少年院には一部の施設に心理技官が配置されている。

以降では，心理技官の業務と連携の実際について解説するが，まずは心理技官の歴史を簡単に紹介する。

1 》》 心理技官の歴史

「世界一安全な国，日本」を目指して，現在，再犯防止が国の重要な施策のひとつに位置づけられている。矯正施設は，その実現に向けて被収容者の収容を確保しつつ，彼らが犯罪・非行に及んだ原因を解明し，その原因を取り除くための適切かつ有効な処遇を行い円滑に社会復帰させる，という刑事政策上の重要な役割を担っている。こうした矯正施設にあって，昭和初期というかなり早い時期から心理技官が一部の刑務所に採用され，受刑者の再犯につながる問題点を調査し，その改善のための処遇方針を策定してきた。

また，1949（昭和24）年に少年法が施行され，家庭裁判所は非行少年の審判（成人の裁判に当たるもの）に際して，少年鑑別所の鑑別を活用するよう定められた。このことから，少年鑑別所にも心理技官が配置され，鑑別対象者が非行化した心理的なメカニズムを分析し，再非行防止に向けた処遇方針を提示してい

る。
　このように，心理技官は従来から刑事施設や少年鑑別所における心理アセスメントに従事しているが，近年では，刑事施設や少年院で認知行動療法に基づく処遇プログラムの実践が始まるなど，心理学的なアプローチが導入されていることに伴い，被収容者の処遇を担当するようにもなっている。加えて，法務省矯正局では昭和40年代から，犯罪者や非行少年の特性を踏まえた複数の法務省式心理検査を作成しているほか，最近では，少年の再非行可能性および教育上の必要性を定量的に評価するための法務省式ケースアセスメントツール（MJCA）を開発するなど，エビデンスに基づく科学的なアセスメントの推進に努めている。心理技官はこうした心理検査やアセスメントツールの開発・維持作業にも中核として関与している。このような歴史をたどりながら，矯正領域における心理学の必要性の高まりを受けて，心理技官の職域は広がっているのである。
　さて，本来であれば，ここまで触れてきた刑事施設や少年院における心理技官の業務についても解説するべきであるが，「連携・協働」という本書のテーマを踏まえ，シナリオとして少年鑑別所の地域援助事例を提示したことも考慮して，本章では，少年鑑別所における心理技官の業務と連携の実際に焦点を絞って解説することとする。

2　心理技官の業務と連携の実際（少年鑑別所を例として）

(1) 少年鑑別所の業務

　少年鑑別所の主たる業務は，2015（平成27）年6月に施行された少年鑑別所法により，①家庭裁判所等の求めに応じ，鑑別対象者の鑑別を行うこと（鑑別），②観護措置が執られて少年鑑別所に収容される者等に対し，健全な育成のための支援を含む観護処遇を行うこと（観護処遇），③地域社会における非行および犯罪の防止に関する援助を行うこと（地域援助），と定められている。これらの業務を行うために，少年鑑別所には心理技官，法務教官，医師等が配置されており，このうち心理技官は，主に鑑別と地域援助を担当している。また，法務教官は観護処遇を担当するほか，鑑別のうち主として行動観察を担い，地域援助にも

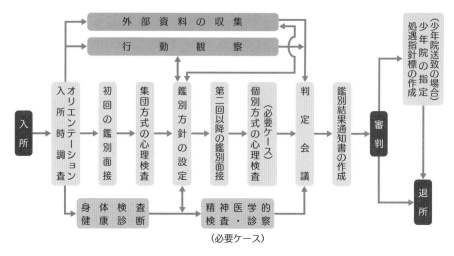

図 5-1 審判鑑別の流れ（法務省法務総合研究所，2017，図 3-2-3-5 を著者一部改変）

関与している。

(2) 家庭裁判所との連携（審判鑑別）

　心理技官が担当する鑑別については，家庭裁判所の求めに応じて行う審判鑑別，少年院・保護観察所・児童自立支援施設等の処遇機関の求めに応じて行う処遇鑑別があるが，鑑別の中心になるのは，家庭裁判所による観護措置の決定に基づき，少年を収容して実施する審判鑑別である。

A. 審判鑑別の流れ

　少年鑑別所の一般的な収容期間は，非行事実を否認しているような場合などを除いて基本的に 4 週間，つまり約 1 カ月である。この間に**図 5-1** のような審判鑑別の流れに基づき，一定の手続きに従った心理アセスメントが行われる。

　少年が少年鑑別所に入所すると必ず，鑑別を担当する心理技官（鑑別担当者）と行動観察を担当する法務教官（行動観察担当者）が指名される。

　鑑別担当者は，指名後速やかに初回の面接を実施し，少年との協働関係の構築に努めるとともに，本件非行，これまでの非行歴，家族関係，生育歴の概要を調査する。併せて，集団方式の心理検査を実施し，知能，性格などの特徴を概括的に把握する。初回の面接と集団方式の心理検査が終了すると，それらの結果と行動観察の所見に基づき，鑑別の進め方や個別方式の心理検査の要否などを検討

し，鑑別の方針を設定する。

　この鑑別方針の設定は，鑑別を組織的かつ計画的に進めるうえで重要である。鑑別のための面接はその後複数回にわたって実施されるが，2回目以降の面接では，鑑別の方針に従って非行の意味を仮説検証的に探っていく。その際，少年の特性などに応じて，必要な個別方式の心理検査も実施する。もちろん，2回目以降の面接，個別方式の心理検査の結果などにより，鑑別の方針を見直すこともある。

　一方，行動観察担当者は，日常の生活ぶり，運動や面会場面での言動などに加えて，課題作文，はり絵，描画，日記，グループ討議など，意図的に課題や場面を設定して行動観察を行い，少年の行動面の特徴に関する情報を収集する。また，医師の健康診断により精神障害が疑われるような場合は，精神医学的検査や精神科医による診察を実施する。そのほか，家庭裁判所には，少年の保護者，教師，雇い主らと面談して環境面の調査を担当する家庭裁判所調査官が配置されているので，担当調査官からも情報を収集する。

B．鑑別結果通知書の作成

　こうして幅広く情報を収集し，審判の1週間ほど前に，所長，鑑別担当者，行動観察担当者のほか，鑑別に関係する職員が集まって判定会議を開催し，非行の原因と非行に込められた意味，望ましい処分と具体的な処遇の方法などを多角的に検討する。この判定会議も，少年鑑別所が，鑑別の妥当性や的確性を確保するための重要な手続きのひとつである。鑑別担当者は，判定会議の結果を踏まえて「鑑別結果通知書」というレポートを作成し，審判の資料として家庭裁判所に提出する。なお，鑑別結果通知書については，審判で処分が決定すると処遇機関（保護観察所や少年院）に送付され，処遇目標や処遇計画の策定にも活用される。

(3) 審判鑑別のための連携

　この審判鑑別の過程において心理技官は，行動観察を担当する法務教官や健康診断を担当する医師と，緊密な連携を図っている。少年鑑別所に収容して鑑別を実施することの最大の強みは，面接や心理検査の結果と，行動観察による生の行動に関する情報とを突き合わせて，少年の資質面の特徴を精密に把握できることにある。特に，面接や心理検査の結果と行動観察の所見が一致しないような場合，その原因を考察することがより深い分析につながるだけに，心理技官と法務

教官は多様な情報を共有し，それぞれの見立てとその根拠を示しながら議論を重ねていく。

また，収容される少年のなかには，心身に疾病や障害を有している者もいるため，医師との連携も大切である。最近は，鑑別においても発達障害の視点から少年の特性を理解する必要性が高まっており，精神科医と連携する機会が増えている。他方，審判にあたっては，前述のとおり家庭裁判所に配置されている調査官が家庭や学校，職場の事情等を調査しているので，担当調査官との綿密なカンファレンスも欠かせない。このカンファレンスを通じて心理技官は，担当調査官から環境面に関する客観的な情報を得て，それらと資質面の特徴との相互作用について考察する。

このように審判鑑別においては，施設内の法務教官や医師，家庭裁判所の調査官と連携・協働して，的確な心理アセスメントの実施に努めているのである。

(4) 処遇機関との連携（処遇鑑別）

処遇鑑別とは，少年院などの処遇機関の求めに応じて行う心理アセスメント業務である。この処遇鑑別においても，少年院の場合は，少年の処遇を担当している法務教官や（一部の施設に配置されている）心理技官，保護観察所の場合は，保護観察を担当している保護観察官や保護司，児童自立支援施設の場合は，児童の生活支援を担当している支援専門官や心理職らとの連携が求められる。それら処遇機関の専門職から実際の処遇を通じて得られた情報の提供を受けながら，審判鑑別の結果を検証するとともに，効果的な処遇の実施に資するよう，処遇方針の見直しについての提案なども行う。

なお，少年院の求めによる処遇鑑別にあたっては，少年院在院中の少年を一時的に少年鑑別所に収容することもできるようになっており（最大7日間），その際は，少年鑑別所の心理技官と法務教官に加えて，少年院の法務教官，場合によっては少年院の心理技官がチームを組んで鑑別を実施する。そして，それまでの処遇経過を踏まえてより精密にアセスメントを行い，その少年の改善更生および円滑な社会復帰に向けて，処遇上の留意事項などの提案も行う。

(5) 地域での連携（地域援助）

地域援助とは，犯罪や非行に加え，不登校，家出，不純異性交遊などの問題行

動に関して,少年鑑別所が鑑別を通じて培ってきた専門的知識を生かし,地域社会における犯罪・非行の防止と,青少年の健全育成に寄与する業務である。具体的には,対象者またはその保護者からの電話や来所による心理相談に応じるもの(個人援助)と,シナリオで紹介したように少年サポートセンターや学校などからの紹介によって相談を行ったり,関係機関に助言したりするもの(機関等援助)に分けられる。

いずれにしても,地域のかたにとっては少年鑑別所はあまりなじみがなく,相談するには敷居が高いというイメージがあることから,法務少年支援センターという別名の使用のほか,相談専用ダイヤルと全国共通ダイヤル(0570-085-085)の設置,(一部の少年鑑別所における)地域援助を専門に行う地域非行防止調整官の配置と,メールによる相談の受け付けなど,地域のかたが相談しやすい環境づくりを進めている。さらに,「地域とつながり,地域につなげる」というキャッチフレーズとシンボルマーク(図5-2)が作られ,各法務少年支援センターそれぞれにホームページも開設されるなど,広報にも力を入れている。その結果,最近では,電話による相談ばかりでなく,相談者が直接来所して継続するケースも増えている。また,関係機関のネットワークを通じて,シナリオのように関係機関から紹介されるケースも多くなっている。

このように,相談を受け付けたケースについては,必要に応じて所長以下,地域援助に関係する職員が参加して事例検討会議を行い,ケース理解の仕方や相談の進め方を検討するなど,適切な方針に基づいて効果的な援助を実施する体制を整えている。

この地域援助こそ,関係機関との連携なしには成り立たない業務であり,シナ

図 5-2 地域援助のシンボルマーク

リオのような連携以外にも，次のような連携の例がある。

A. 少年サポートセンターによる性問題行動や暴力に関するアセスメントの依頼

　少年サポートセンターは警察が所管する相談機関であり，非行やその周辺の問題行動に関する相談に応じているが，シナリオのように学校にスクールサポーターを派遣するなど，アウトリーチの機能を有していることに特徴がある。

　一方，少年鑑別所は，犯罪・非行のアセスメントに長(た)けていることもあり，少年サポートセンターからはシナリオのような問題行動のほか，性問題行動，家庭内暴力や校内暴力など，特に心理メカニズムの解明が難しい事例について，アセスメントの依頼を受けることが多い。このアセスメントにおいては，面接のほか，複数の心理検査を実施して的確なアセスメントに努め，少年サポートセンターの相談活動に役立つ所見の通知に努めている。

　なお，少年鑑別所では，それらの問題行動のアセスメントばかりでなく，専用のワークブックを用いて，暴力や性問題行動の防止のための心理的援助も行っている。

B. 児童福祉機関等による発達に関するアセスメントの依頼

　発達障害に関するアセスメントは，従来から児童福祉機関や療育センターで行われているが，特別支援学級の編入にあたって発達に関するアセスメントが必要となり，その件数が増加するにつれ，児童福祉機関等からの知能検査や発達検査の依頼が増えている。現時点で非行や問題行動が見られなくても，個々の特性に応じた働き掛けを行うことは，子どもの健全育成や非行の防止においては重要である。

　少年鑑別所ではこうした依頼にも応じており，必要な心理検査に加えて，対象者の生育情報の聴き取り，心理検査結果のフィードバックなどを丁寧に行っている。そして，依頼元機関ばかりでなく対象者とその保護者に対しても，知能の程度のほか，知能や発達の特徴，指導のポイントなどの情報をわかりやすく伝達することを心掛けている。

C. 検察庁による知能や認知症に関するアセスメントの依頼

　検察庁においては，再犯防止対策の一環として，刑事司法の入り口段階で罪を犯した高齢者・障害者の福祉的支援の必要性を考慮するようになっている（入り口支援）。少年鑑別所は，検察庁から入り口支援に関連して，福祉的な支援につなぐ必要性などを見極めるためのアセスメントを依頼され，被疑者に対する知能

検査や認知機能のスクリーニング検査を行っている。この依頼に対しては，心理検査結果のほか，知能や認知機能の特徴，福祉的支援の必要性に関する所見などを検察庁に通知している。なお，この依頼の対象者については，起訴・不起訴を決めるまでの時間が切迫した被疑者であることを考慮して，所見の通知は速やかに行うよう努めている。

D．関係機関によるケース検討会などへの出席依頼

　少年鑑別所が関わる事例については，鑑別にしても地域援助にしても，一つの事例に複数の関係機関が同時並行的，あるいは継時的に関わることが少なくない。こうした多機関連携を前提とした臨床活動において，少年鑑別所は機関横断的な関わりができるだけに，少年院，保護観察所，児童福祉機関，学校，少年サポートセンターなどで開催されるケース検討会への出席を依頼されることが増えている。その際は，当該ケースの理解の仕方や指導方法などについて，具体的かつ適切な助言をするよう心掛けている。また，シナリオのように，少年鑑別所が関係機関のハブとなってケース検討会を開催し，対象者，家族，支援に関わる複数の機関の橋渡し的な役割を果たすことも多い。

E．関係機関による，授業・研修会・講演会等への講師派遣依頼

　少年鑑別所は，地域の犯罪・非行の防止に寄与するとともに，少年鑑別所の機能を関係機関に広報する機会として，研修会や講演会への講師派遣依頼にも積極的に応じている。依頼されるテーマは少年鑑別所の業務紹介のほか，最近の非行少年の特徴，思春期の子どもの行動理解，非行や子育ての問題に対する対応策など，多様なものとなっている。また，学校の場合は，教職員ばかりでなく児童・生徒に対しても，いわゆる出前授業として法律の大切さを教える法教育や，薬物乱用防止，いじめ防止等に関する講話を行っている。そして，これらの授業には心理技官に加えて法務教官も講師として出向き，指導の仕方や関わり方についてのノウハウを紹介することもしている。

＊　　＊　　＊

　このように，少年鑑別所では地元の関係機関とのネットワークを通じて，地域に根ざしたさまざまな連携を試みているが，関係機関からの依頼内容を見ると，やはり少年鑑別所の得意分野であるアセスメント機能の活用と応用を求めるものが多い。なお，2016（平成28）年12月に「再犯の防止等の推進に関する法律」が成立・施行されたことに伴い，再犯防止は国と地方公共団体との連携が求めら

れていることから，今後の地域援助にあたっては，地方公共団体をはじめ地域定着生活支援センターなどとの連携を図っていく必要も生じている。

III 他領域心理職に伝えたい心理職のコンピテンシー

1 心理技官に必要な知識等

ここまで，少年鑑別所の心理技官の業務と連携の実際に焦点を絞って説明を進めてきた。少年鑑別所の鑑別と地域援助だけを見ても，他の領域における臨床活動と同様，対象者に寄り添い，面接，心理検査などの心理学的方法を駆使しながら，施設内外の他職種と連携・協働してケース理解を深め，対象者を援助していることがおわかりいただけたと思う。その意味で心理技官は，一般的な臨床心理学の知識や技能，すなわち知能，性格，精神障害に関する基礎的な知識，面接や心理検査，カウンセリングに関する基本的な技能を身に付けることが必要である。

ただし，心理技官の業務が，矯正施設という特殊な環境における臨床活動である点に着目すれば，この領域に特有の専門的な知識や技能が求められることも確かである。そこでここからは，ベースとなる臨床心理学の知識のほかに，心理技官に求められる専門的な知識や配慮などについて解説することとする。それらは，他領域の心理職にも承知しておいていただけると，心理技官との連携にとって役に立つと考えられるものでもある。

(1) 法律に関する知識

まず，矯正施設の被収容者は，犯罪・非行という刑罰法令に触れる行為を行った者であり，その再犯防止に向けた働きかけは，国の行政行為として行われる。そして，国の行政行為であるからには，根拠となる法律の裏づけがある。少年鑑

別所の業務が少年鑑別所法で規定されているように，少年院の業務は少年院法，刑事施設の業務は刑事収容施設及び被収容者等の処遇に関する法律で定められている。

　心理技官が連携することの多い関係機関でもその業務の根拠となる法律があり，代表的なものとして，司法関係では刑法，刑事訴訟法，少年法，更生保護関係では更生保護法，児童福祉関係では児童福祉法，児童の虐待の防止等に関する法律，精神保健福祉関係では精神保健及び精神障害者福祉に関する法律などが挙げられる。心理技官に限らず他の領域の心理職においても，近接領域の業務の裏づけとなる法律の概要を把握しておくことは，連携・協働するうえで必要と思われる。

　なお，心理技官は，関係機関との連携にあたって固くて融通が利かないという印象を与えがちであるが，それは，プライバシー保護への配慮がとりわけ重要であるといった，この領域特有の事情による面が大きい。心理技官はその枠組みのなかでも，連携のために最善をつくしていることをご理解いただきたい。

(2) 犯罪心理学に関する知識

　次に，犯罪行為は人類の歴史とともに始まったといっても過言ではなく，どうして人が犯罪に及ぶのかという難題を解明しようとする試みも，ほぼ同時に始まっている。その理解の仕方は時代に応じて移り変わっているが，大きな流れとして，生物学的視点から心理学的視点による理解への移行がある。代表的な心理学的視点による理解の仕方には，精神分析，情動障害論，自我同一性理論，学習理論，ライフコース理論などに基づくものがあり，それらの詳細は犯罪心理学の教科書に譲るが，実務上は再犯防止につながる有効な手立てを導くために，何らかの問題から環境にうまく適応できずに起こしている不適応行動として犯罪・非行をとらえることが一般的である。

　この関連では近年，Risk Needs Responsivity（RNR）原則の考え方が，犯罪者や非行少年の処遇に大きな影響を及ぼしている (Bonta & Andrews, 2016)。RNR原則は，①リスク原則（再犯のリスクに応じて処遇の強度を変えるという原則），②ニーズ原則（再犯に関連の深いリスクに焦点を当てて処遇するという原則），③反応性原則（対象者の反応性に適合した処遇内容や方法を用意するという原則）に基づいて，犯罪行動につながるリスクを低減させるために処遇を行うこと

が効果的と考えるものであり，今や矯正施設の処遇においても主流の考え方になっている。

　加えて最近は，リスク管理に主眼を置きつつも，リスクを低減するだけでなく，対象者自身の持つ強みや長所を生かして犯罪・非行からの離脱を促すことが良い結果を生むという，Good Life Model（GLM）の考え方も取り入れられ始めている（Yates & Prescott, 2011）。GLMは，RNR原則を補完するアプローチとして期待されるものであり，いずれも広く不適応行動に対応する場合に参考になるアプローチではないかと考えられる。

　そのほか，犯罪・非行を理解するうえでは，薬物やアルコールなどの物質依存に関する知見（たとえば松本, 2015），加害の背景にある虐待などの被害体験に関する知見（たとえば藤岡, 2001；橋本, 2004），人格障害と犯罪・非行との関連に関する知見（たとえば林, 2002），発達障害とその二次障害に関する知見（たとえば小栗, 2010）なども欠かせない要素であり，それらは，精神保健福祉領域や児童福祉領域の心理職と共有することが可能なものといえる。

(3) 対象者との関係構築における配慮

　矯正施設の被収容者は，法の定めによって強制的に収容されており，自発的にアセスメントや施設からの働き掛けを望む者は少ない。しかも，矯正施設の被収容者全体に見られる傾向ではあるが，特に少年鑑別所に収容される鑑別対象者は，何らかの処分が下される審判を控えているだけに，自身の評価を気にして身構え，防衛的になりがちである。そのため，対象者との関係構築に苦労するが，心理技官は矯正施設におけるアセスメントや処遇の意味，つまりそれらが円滑な社会復帰や再犯防止につながるものであることを繰り返し説明して，対象者の理解と協力を得ることに努めている。

　実際に多くの対象者は，程度の差こそあれ，このままでよいとは考えておらず，本人なりに非行・犯罪をしないために何とかしたいという気持ちを持っている。そこで，彼らの抱える問題を共に考え，気づきを促していく協働的・治療的アセスメントの手法を取り入れたり（Finn, 2007），変化に向けた動機づけを高める動機づけ面接法を利用したりしながら（Miller & Rollnick, 2002），対象者との関係構築に意を用いている。

　矯正施設の場合は，地域援助を除き，対象者が収容されているという点で臨床

活動が対象者の来談に左右されることはないものの，こうした関係構築にかかる配慮は，他の領域においても防衛や抵抗が強い対象者と関わるときに援用できるものと思われる。

(4) 関係機関との連携における配慮

また，心理技官に限ったことではないが，関係機関との連携においては，ケースを介した情報交換のほか，施設見学，ケース検討会，研修会や講演会など，複数のチャンネルを重層的に利用して交流の機会を設け，顔の見える関係を作ることも大切である。前記のような法的根拠ばかりでなく，お互いの実務がどのように動いているかを知らなければ，実効的な連携を図ることは難しい。

加えて，通知するレポートの書き方にも工夫が必要である。関係機関におけるレポートの読み手や活用方法，特に心理職以外の職員が読むことも意識しながら，法律用語や心理学の専門用語を平易な言葉に置き換える，あるいはわかりやすい例えを用いるなど，レポート作成の技能を磨くことにも留意しなければならない。

(5) 他職種との連携における配慮（刑事施設を例として）

本章では刑事施設や少年院に配置されている心理技官の業務についてほとんど触れなかったが，彼らは施設内において，被収容者のアセスメントのほか，カウンセリングを担当したり，場合によっては認知行動療法をベースとしたグループワークを任されたりしている。そのため，少年鑑別所の心理技官ほど関係機関の職員と連携することはないものの，特に刑事施設においては，被収容者の処遇全般を担当する刑務官，刑務作業の指導や職業訓練を担当する作業技官，教育活動を担当する法務教官，社会復帰支援を担当する福祉専門官，健康管理を担当する医師や看護師など多くの常勤の他職種，また臨床心理士などの資格を有し，性犯罪再犯防止指導，薬物依存離脱指導等を担当する非常勤の処遇カウンセラーと協働する必要がある。

刑事施設は，再犯防止に向けた処遇プログラムの実施に力を入れているが，刑罰の執行が目的であり，施設の規律を維持する保安にも重点が置かれているだけに，刑務官と真に協働できる関係，体制を作ることが重要である。刑事施設によっては心理技官が一人しか配置されていないところもあり，心理技官が孤軍奮

闘，孤立無援の状況におちいらないようにするためには，少年鑑別所の心理技官が関係機関の職員に業務を説明するように，まずは施設内の他職種に心理技官の業務を丁寧に説明して理解を得るとともに，法務教官や福祉専門官，処遇カウンセラーなど，比較的考え方の近い職種の職員を味方にして，連携の輪を広げていくことを心掛けている。

2 心理技官に求められるコンピテンシー

さて，連携というテーマに沿って心理技官に求められる専門的知識や配慮を列挙したが，心理技官がこうした幅広い職能を身につけるとともに，それらを業務の遂行や関係機関との連携に有効に生かすためには，いつくかのコンピテンシーも必要である。

(1) 人間に対する温かいまなざし

犯罪・非行臨床が臨床心理学の知識などをベースとしていることや，犯罪行動を理解しようとする試みが人類の歴史とともに始まったという前言を考慮すると，やはり人間に対する温かいまなざしが不可欠である。今回のシナリオは，高校において指導が難しいと見なされていた対象者が，実は自分の問題をある程度理解しており，それを率直に相談できる場を望んでいたという事例であった。この領域の対象者は，防衛や抵抗，あるいは諦めから，自ら変化を求めることは少ないものの，内心ではシナリオの対象者のように変化のきっかけを欲している。そうした対象者に変化を促していくうえでは，対象者を温かく見守り，根気強く働きかけることが肝要である。

(2) 冷静で客観的な視点

この領域の対象者の多くは加害行為に及んでいるだけに，関わる側も怖いとか，いたずらに刺激しないほうがいいといった先入観にとらわれがちである。この色眼鏡を防ぐためには，温かいまなざしと同時に，的確な見立てをするための冷静で客観的な視点も必要である。このような温かいまなざしと客観的な視点によって，心理技官の対象者理解が深まるにつれ，対象者の自己理解も深まるとい

う相乗効果が生まれる。

(3) ダブルロールを両立させるバランス感覚

　この領域の業務が基本的に法律に基づく行政行為であることから，心理技官は心理臨床家としての立場と，法律の執行者としての立場という，ダブルロールに悩まされることも少なくない。これは，一見対立する立場のように見えるが，犯罪・非行臨床の対象者が自らをコントロールすることができず，刑罰法令に触れる行為を行った者であることを考えるとき，法的に規定された枠組みのなかで，見方を変えれば法的に守られた枠組みのなかで，心理技官がその枠組みをしっかりと意識しつつ心を開いて対象者と向き合うことこそが，対象者に意味のある変化をもたらすものと考えられる。つまり，先の二つの立場を対立するものとしてではなく，両立できるものとしてとらえ，両者のバランスを取りながら臨床活動に取り組む姿勢と努力を保つことが大切である。そして，こうしたバランス感覚は，対象者との適度な距離，すなわち対象者に近づきすぎず，かといって遠くなりすぎることもないという距離をとるうえでも，ひいては，施設内の他職種，関係機関の心理職等との間で適切な連携・協働関係を築くうえでも，重要なコンピテンシーと考えられる。

　このような専門的知識，配慮，コンピテンシーを求められる心理技官は，採用の段階でその素養や適性が判断されるうえ，採用後は，一定水準の専門的知識や技能を習得させるための体系的な研修を通じて，一人前の心理技官に育てられる。

　本章の最後に，心理技官の採用と養成に触れて，筆を置くことにする。

IV 心理技官の採用と養成

　心理技官は，国家公務員採用総合職試験（人間科学），または法務省専門職員（人間科学）採用試験（矯正心理専門職）という，国の試験によって採用される。

このうち，法務省専門職員採用試験による採用者は主に心理技官としての成長が期待され，国家公務員採用総合職試験による採用者は，心理技官としてばかりでなく，政策の企画・立案に携わる幹部候補としても期待される。手前味噌ながら，心理学を学んだ学生にとって心理技官の仕事は，その専門を活かしながら常勤として勤務できる魅力的な職種であり，現在は，心理技官を目指す学生のためにインターンシップも導入されている。

　このインターンシップは，受講する学生にとっては得がたい職場体験になる一方，受け入れる少年鑑別所にとっても，有為な人材に関心を持ってもらうための貴重な機会である。それだけに，各施設とも心理検査の受検や模擬面接実習などの体験型のメニューを用意して，心理技官の実務を理解してもらえるように工夫している。なお，採用試験やインターンシップの詳細については，毎年，法務省矯正局のホームページに掲載されるので，関心のあるかたはそちらを参照願いたい。

　採用後は，矯正研修所における集合研修と，採用施設におけるスーパーバイズを中心とする実務研修により，犯罪・非行臨床の専門家として養成される。集合研修については，初任クラスから中堅クラスまで，その成長段階に応じた専門性を身につけることができるよう，体系的な研修体制が整えられている。一方，おおむね採用2年目までは，採用施設において先輩の心理技官によるマンツーマンのスーパーバイズが実施される。

　心理技官といえども，実際に犯罪や非行を行ったことがある者はまずいないので，事例を通じて犯罪・非行の手口や各種犯罪の引き金になるような状況などを学び，面接や心理検査の実施方法，ケース理解の仕方，鑑別結果通知書をはじめとする関係機関向けのレポートの書き方などを実地に訓練する。特に，ケース理解の枠組みを広げるうえでは，審判鑑別における判定会議，地域援助における事例検討会議のなかで，自分の見立てを的確に表現する訓練を積むとともに，他の心理技官や法務教官からさまざまな意見を聴きながら専門的な力を磨くことが有効である。また，施設内の研究会や，多くの施設に呼びかけて行う拡大研究会の際に，関係機関や近接領域の専門家を講師として招いて，最新の話題に触れるとともに，相互交流の機会として活用することもしている。

　そのほか心理技官は，日本犯罪心理学会を中心に，業務に関連のある各種学会で研究発表を行っている。こうした研究活動も，心理技官の専門性を高めるうえ

で欠くことのできないものである。被収容者のデータを扱う場合は，個人情報の管理に充分留意しながら大学関係者との共同研究を行うなど，以前に比べると研究活動における矯正領域外の専門家との連携も進んでいる。

【文　献】

Bonta, J. & Andrews, D.A.（2016）*The psychology of criminal conduct. 6 th ed.* Routledge.
Finn, S.E.（2007）*In our clients' shoes: Theory and techniques of therapeutic assessment.* Routledge.（野田昌道・中村紀子訳〈2014〉治療的アセスメントの理論と実践──クライアントの靴を履いて．金剛出版）
藤岡淳子（2001）非行少年の加害と被害──非行臨床の現場から．誠信書房
藤岡淳子編（2007）犯罪・非行の心理学．有斐閣
橋本和明（2004）虐待と非行臨床．創元社
林直樹（2002）人格障害の臨床評価と治療．金剛出版
法務省法務総合研究所編（2017）平成 29 年版 犯罪白書──更生を支援する地域のネットワーク．昭和情報プロセス
犬塚石夫編集代表（2004）矯正心理学──犯罪・非行からの回復を目指す心理学〔上巻（理論編）〕〔下巻（実践編）〕．東京法令出版
金子和夫監修／津川律子・元永拓郎編（2016）心の専門家が出会う法律〔新版〕──臨床実践のために．誠信書房
松本俊彦（2015）薬物依存とアディクション精神医学．金剛出版
Miller, W. R. & Rollnick, S.（2002）*Motivational interviewing: Preparing people for change. 2 nd ed.* Guilford.（松島義博・後藤恵訳〈2007〉動機づけ面接法──基礎・実践編．星和書店）
小栗正幸（2010）発達障害児の思春期と二次障害予防のシナリオ．ぎょうせい
Yates, P. M. & Prescott, D. S.（2011）*Building a better life: A good lives and self-regulation workbook.* Safer Society Press.（藤岡淳子監訳〈2013〉グッドライフ・モデル──性犯罪からの立ち直りとより良い人生のためのワークブック．誠信書房）
吉村雅世・森伸子（2013）少年矯正の現場から．伊藤冨士江編．司法福祉入門〔第 2 版〕──非行・犯罪への対応と被害者支援．上智大学出版，pp.134-182.

第6章 産業・労働領域

種市康太郎・割澤靖子

I 事例〈架空のシナリオ〉

1 概要

(1) 心理専門職と所属機関の特徴

A. 心理専門職

T心理士。30代前半の女性。大学院修士課程修了後，リワークプログラムを行う精神科クリニックに約3年間勤務した後，現在のZ社企業内健康管理センターに勤務している。T心理士はZ社に来て5年目である。同じセンター内にカウンセラーはもう1名（女性，U心理士）いて，U心理士はT心理士よりも3年先輩にあたり，業務を分担している。

B. 所属機関

Z社は首都圏に本社を構える電気機器製造業で，全国各地に工場や関連会社がある。T心理士は，健康保険組合が運営する健康管理センターにカウンセラーとして所属している。健康管理センターは，Z社の中核部門の製造ラインがある工場の近くにある。センター長は産業医で，そのほか保健師・看護師・栄養士・運動指導員・

事務スタッフがいる。センターは，Z社全体の保健事業を担い，健康診断（定期健康診断，特定健診，特定保健指導など），健康相談，体力づくり，予防接種などの業務を行っている。

C．業務内容

T心理士はメンタルヘルス相談を担当しており，本人の相談だけでなく，上司のコンサルテーションも行う。その他，Z社全体の保健事業における健康づくり計画にも関与し，近年義務化されたストレスチェックを機に相談を希望した人への相談対応，ストレスチェックの集団分析結果についての報告業務も行っている。中間管理職や新入社員向けの研修も担当する。なお，「メンタルヘルス相談」窓口は，健康管理センター内にある。

(2) クライエントと所属組織，家族の情報

A．クライエント

Aさん。30代後半の男性。小太りで，物腰は柔らかく，温厚で誠実そうな印象を与える。工学部を卒業後，Z社に入社。入社以来，電気機器の開発部門に所属している。X年4月，仕事ぶりが評価され，同期よりも早くチーフエンジニアに昇進した。チーフエンジニアは課長職レベルで，開発プロジェクトのリーダーを担当する。

B．所属組織

Aさんの所属する組織は，部長（50代前半），次長（40代半ば），Aさん，総合職の部下3名（30代前半，20代半ば，新入社員），派遣社員の部下1名（30代前半）の，計7名構成である。部長は同じ部署の他のラインも兼任していることに加え，出張や会議のため不在のことが多く，実務は主に次長の指揮の下で行われてきた。しかし，X年4月の昇進を機に，Aさんはリーダーとして初めて，30代前半の部下と新入社員の部下とともに，新規プロジェクトを任されることになった。

C．家族

妻との2人暮らし。妻はAさんの転勤を機に仕事を辞め，現在は専業主婦。X年7月，義父（妻の実父）が心筋梗塞で倒れ入院した。手術を行ったが術後の経過が思わしくなく，現在も入院中。妻は義父の看病と実家の手伝いのために，隣県にある実家と自宅をほぼ毎日往復している。週末は，Aさんも可能な限り妻に同行したり，積極的に家事をこなしたりして妻をサポートしているが，平日は帰宅が遅く，家のことはほとんど妻に任せきりとなっている。

2 支援経過

(1) 初回相談までの経過 (X年4月～12月)

　X年4月以降，Aさんは，チーフエンジニアへの昇進と初めてのプロジェクトリーダー業務により，多忙を極めていた。X年6月ごろからは，これまでに体験したことのないような強い疲労感を自覚するようになっていたが，「新しいポジションに慣れるまでの辛抱」という思いで，がむしゃらに働き続けた。

　X年7月には，義父の手術・入院という大きなイベントが発生するも，「プライベートの事情で，会社に迷惑をかけるわけにはいかない」と，職場には事情を伏せたままやり過ごしていた。しかし，それまでは休養日に充てていた週末を，妻や妻の実家のサポート，家事などに費やすようになった影響は決して小さくはなかった。Aさんは次第に，回復することのない倦怠感に悩まされるようになっていった。

　X年9月，Z社全体でのストレスチェックが行われた。Aさんの結果は，「高ストレス者に該当する」というものであった。「高ストレス」と判定された人には，医師による面接指導の推奨と，面接指導を受ける具体的な手順が示されている用紙が渡された。そこには，医師による面接指導を希望しない場合の相談窓口として，「メンタルヘルス相談」の利用方法も載っていた。

　X年12月，「ストレスチェックの用紙を見て連絡した」と，Aさんから「メンタルヘルス相談」窓口に電話で連絡があり，相談に至った。相談申し込みの際に，ストレスチェックの結果をカウンセラーに開示してもよいとの同意を得た。面接はT心理士が担当することになった。

(2) 初回相談 (#1)

　「結果を見て，やっぱりと思った。医師の面接指導を希望しようか迷ったが，『ストレスチェックの結果を事業者に開示する』というのに抵抗があったので，希望しなかった。メンタルヘルス相談の連絡先も記載されていることは知っていたが，自分の場合は不調の理由が明確なので，普通のメンタル不調とは違うと思って予約を迷っていた。しかし，11月に受講した新任

チーフエンジニア研修で，カウンセラー（T心理士）の話にけっこう思い当たることが多く，迷ったあげく連絡してみることにした」と話す。

T心理士はストレスチェックの結果について，Aさんとあらためて共有した。

- 全体的には「高ストレス」である。「職場の心理的な負担の原因」も高く，「心身の自覚症状」も高い。
- 「職場の心理的な負担の原因」では，「心理的な仕事の負担（量）」「心理的な仕事の負担（質）」が高く，「仕事のコントロール度」「技能の活用度」が低く，負担が大きい。
- 「心身の自覚症状」では，すべての要素が要注意の状態である。
- 「上司からのサポート」は高く，「対人関係でのストレス」は低い。

「そのとおりです」とAさんは言い，次のように話す。

「4月にチーフに昇進して，今まで以上に忙しくなった。余裕がない。（労使協定で定められた）上限一杯の45時間まで残業をしても終わらない。持ち帰りもできないので，やむを得ず上限を超えて残業していたが，残業時間を削るよう再三注意を受けており，これ以上は難しい。仕事は溜まる一方でとても焦る。今までは担当の開発業務だけを行っていればよかった。しかし，今はプロジェクトリーダーになり，他の部門との折衝も増え，会議の種類も多く，落ち着いて業務に取り組める時間が明らかに減った。また，現在の業務は，これまでの知識や経験だけでは対応できないものも多く，一つひとつ手探りで進めざるを得ないため，通常の何倍も時間がかかってしまう。

　プロジェクトでは，人に仕事を頼んでも期待どおりのものが返ってこない。予定どおりに進まないことに気持ちばかり焦ってしまう。部下にもう少し仕事を割り振ればよいのだが，30代の部下は最近子どもが生まれたばかりなのに，すでに多くの業務を任せて残業させてしまっている。もう一人の部下は今年入社したばかりで，任せられる業務は限定されてしまう。結局は自分がもっと効率を上げてやるしかないのだが，それも限界がある。準備が不十分な状態で上層部の出席する会議に臨むのは，正直怖い。萎縮してしまう」。

部長からは「一人でやっているわけじゃないんだから，思い切って下に任せろ。そうしないと自分の首を絞めることになるぞ」と忠告された。もっともだと思うが，どうしても一通りは自分の目で確認して全体像を把握しておかないと，仕事を割り振るにも，何をどう割り振るべきかを判断しようがないとも思ってしまう。

　心身の不調については，「通勤に1時間程度かかるので，帰宅は23時ごろになり，就寝時間が遅いだけでなく，なかなか寝付けない。夜中に目が覚めることも増えたので，まともに睡眠が取れていない。全身の疲れが抜けない。こめかみのあたりがじわじわ締めつけられるような感じがして苦しい。仕事が間に合わなかったらどうしようと心配になる。デスクに座っていても，ときどき，衝動的に『うぉー!!』と叫び出したくなる」と言う。不眠，疲労感，焦燥感，抑うつ気分が見られた。

　T心理士は，「このままだとAさんがつぶれてしまいそうで心配です。特に，眠れていないのは大きい。深刻化する前に手を打ったほうがよいと思います」と伝えた。そして，ストレスチェックの仕組みを説明し，医師の面接指導を受けることを勧めた。しかしAさんは，「これは自分の問題。今日話を聞いてもらって何が問題かもよくわかったので，あらためて医師の面接指導を受ける必要はない」と言う。

　医師の面接指導をこれほど強く拒む理由を尋ねると，Aさんは「今回，部長が自分のことを高く評価してくれて，人よりも早いタイミングで昇進までさせてもらった。こんなに不甲斐ない自分をさらけ出して，期待を裏切るようなことはしたくない。もう少し踏ん張りたい」と強い口調で訴える。T心理士はその意向を汲みつつ，「踏ん張るためには馬力が必要ですが，今はすでに息切れしかかっている状態。馬力を蓄えるためには，薬が役立つこともあります。ストレスチェック制度の一環としての医師の面接指導に抵抗があるのなら，外部の医師を紹介してもらうための診察として，セッティングすることもできます。いずれにしても，きちんと医師の診察を受けて，Aさんにとってベストなサポートを得られるように体制を整えていきたいです」と伝え，受診の同意を得た。

　その後，産業医に状況を説明し，Aさんとの面接が実施された。Aさんは自宅近郊の精神科クリニックを紹介され，受診することになった。

(3) 2回目以降の面接（♯2〜♯4）

　Aさんは精神科クリニックを受診し、「抑うつ状態」と診断を受けた。休職・療養の選択肢も提示されたが、Aさんの意向により、仕事をしながら通院治療をすることになった。

A．2回目の面接での様子

　T心理士はAさんの状態を聴き、「今は集中的にスペシャルなケアが必要な時期です。服薬と併せて充分な休養が確保できるよう、可能な限り残業はしなくて済むように調整してみてください」と話した。しかし、具体的に残業を減らすことを思い描けるか尋ねると、Aさんは「まったく思い描けない」と言う。そこでT心理士は、「現在の多忙すぎる状況が続くと、せっかく服薬しても今後悪化するリスクが高くなります。上司（部長もしくは次長）と可能な範囲で状況を共有して、現状の打開策を検討できたほうがよいと思いますが」と提案したが、Aさんは強い拒否を示し、「何とか自分で調整する」と話す。T心理士は、「今後の経過次第では、Aさんが望まなくても、上司とも状況を共有しながらサポートさせていただく必要が出てくるかもしれません」と念を押したうえで、「せめて週末だけでも休養日に充てられるよう、奥様とも充分に話し合ってみてください」と伝え、2回目の面接を終えた。

B．3回目の面接での様子

　Aさんは「体調が少し改善した」と報告する。服薬の効果により、以前よりもまとまって睡眠が取れるようになったのだという。また、年明けに予定されていた大きな会議が一つ延期になったおかげで、年末年始は当初の予定よりも少しゆったりと過ごすことができ、リラックスできたとのこと。妻とはまだ充分に話ができておらず、休日は相変わらず妻のサポートや家事に充てているが、「山場は越えた気がするので大丈夫。妻は義父が倒れてからずっと休めていないので、少しは妻も休ませてあげないと」と話す。T心理士はAさんの妻を思う気持ちに共感を示しつつ、「せっかく快方に向かっているので、逆戻りしないよう対策を考えていきたいですね。そのためには、今後はやはり業務負荷を調整するか、上司のサポートを仰ぐか、休日の過ごし方を調整するか、何らかの工夫は必要だと思います。薬の力だけでは限界があります」と伝えた。Aさんは妻と話し合ってみることを約束し、3回目の面接を終了とした。

C．4回目の面接での様子

　X+1年2月に実施された4回目の面接では，激務により症状が悪化し，主治医から休職・療養をあらためて勧められたことが報告された。Aさんは，「休むことには抵抗はあるが，思い切って休むことにした」という。T心理士が心境の変化の理由について尋ねると，主治医の指示と妻による説得が大きかったと話す。前回の面接後に，妻に自身の不調や職場での状況，主治医の診察やカウンセリングでのやり取りの詳細を打ち明けたところ，妻から「あなたの健康が一番大事」と，力強く説得されたと言う。

(4) 休職時の経過

A．休職の手続き

　X+1年2月，Aさんから部長に主治医による休職診断書が提出され，休業が始まった。T心理士はAさんからの同意を取り，Aさんが休職診断書を出すことを人事・労務スタッフに伝えておいた。人事・労務スタッフはAさんに，復職手続きの流れや，高額療養費制度，傷病手当金制度の案内，今後の診断書や書類の提出方法について説明した。また，T心理士はAさんに，休職中の過ごし方について簡単に説明した文書を手渡した。そして，健康保険組合の傷病手当金や見舞金制度など，経済的な支援制度を中心とした家族向けのリーフレットを渡し，奥様に渡すようにと説明した。主治医に対しては産業医から，「少なくとも8時間勤務を週5日継続可能である体調」をもって就業に耐える状態と考えていることや，Z社の制度について書面で伝達した。

B．心理士と部長との面接

　その後，T心理士はAさんの了承を得て，部長との面接を実施した。

　部長からは，「自分はいつも不在がちで，次長も今は別のプロジェクトを担当している。Aさんは相談できる相手がおらず，一人で抱え込ませてしまったのだと思う。普通なら昇進した直後からプロジェクトリーダーを任せることはないのだが，ちょうど新規プロジェクトが始まるタイミングだったことと，Aさんならできると期待を押しつけ過ぎてしまったことが良くなかった」と，後悔の念が語られる。

　T心理士からは，「昇進やプロジェクトリーダーへの抜擢による気負い，業務の抱え込みも確かに不調の一因ですが，それだけでなく，身内の手術・長期入院

が重なったことも大きかったと思います。面接では，Aさんは上司からのサポートは良好だと語っておられましたし，期待がエネルギー源になっているようでした。こちらも，もう少しうまく部長や次長に相談するよう後押しできれば良かったのですが，力が及ばず申し訳ありません」と情報を補足した。

そして，現在の職場の状況を確認すると，「ちょうど次長がリーダーをしていたプロジェクトがひと段落するタイミングなので，業務のほうは何とかなりそう」との回答が得られた。それを踏まえT心理士は，仕事から物理的にも心理的にも離れてしっかり休むために，職場からの電話やメールは控えてほしいことを説明し，面接を終了とした。

C．休職中の経過

療養に伴ってAさんの病状は改善した。主治医から紹介され，3カ月間リワークプログラムにも通った。X＋1年7月には本人から職場復帰希望が出され，産業医が主治医の意見書を入手した。産業医は，人事・労務スタッフ，部長と話し合い，職場の受け入れ状況について確認し，大まかな見通しを伝えた。その後，Aさんと面接を行い，部長に対して伝えておくことを確認したうえで，部長とも再度面接を実施し，復職面接に向けた準備を行った。ほぼ同時期に，T心理士もAさんと会い，復帰前の状況について聞き取りを行った。

Aさんは「はじめは『休んだら終わり』って思っていたし，休むことへの負い目があった。途中で，頑張り過ぎたのは自分の責任だからしょうがないと，変な開き直りというか，吹っ切れた感じがあった。家族の支えも大きかった。実家に通い続ける妻に何もしてやれないという思いがあったが，それも含めて妻が受け入れてくれたことで，休むことに罪悪感がなくなった。リワークプログラムに行って，同じ気持ちとか環境の人と意見交換ができたのが良かった。一日の活動記録をエクセルで几帳面に細かく作っている人がいて，『だから大変になっちゃうんだよ』ってその人のことを思ったけれど，それってよく考えたら，そのまんま自分に当てはまるなって。大事なところと抜くところを考えないとうまくいかないんだって，他人の様子を見て学んだ。周りの評価を意識しすぎて，力が入り過ぎていた」と話す。

D. 復職の判定

　復職可否の判定の際には，Aさん，産業医，部長，人事・労務スタッフでの話し合いに，保健師，T心理士も同席した。産業医が中心となり，Aさんに症状の改善度，生活リズムの快復度，復職・職場への思いなどを聞くと同時に，部長の復職に関する考え，病状に対する理解，業務上の配慮に関する可能性などを確認した。復帰後は当面，プロジェクトリーダーとしての仕事はせず，業務負荷を軽減し，残業も制限したかたちで就業することとなった。「一人で何とかしようと抱え込む傾向があるので，そこは要注意」と産業医は伝えた。部長は「些細なことでも，困ったら早め早めに相談してほしい」と話した。また，復職後は，T心理士が本人および職場のサポートを継続することとなった。

(5) 復職後の経過（#5〜#13）

　復職後，T心理士は，Aさんとの定期的な面接を実施し，生活面や，仕事に戻ってからの様子などについて確認した。復職直後は「思ったよりも疲れがある」「周囲に迷惑をかけてばかりで申し訳ない」といった発言が聞かれたが，次第に「職場では随分と配慮してもらえているので，何とかやれています」と，順調そうな様子が報告されるようになった。

A. 職場でのサポート

　T心理士は，Aさんへの仕事の与え方や配慮の仕方について具体的に話し合う場として，定期的に上司との面接も設定した。面接は部長だけでなく，実務を取り仕切る次長からも同席依頼があり，部長と次長，T心理士の3名で行われた。はじめは慣れた業務からスタートする，締切がタイトでなく自分のペースで取り組める業務を優先的に割り振る，医師の指示による残業制限をきちんと守らせる，といった基本的なサポート方針を共有した。また，対応に迷った際には，直接Aさんとコミュニケーションを取りながら調整するように依頼した。

　その後Aさんは，家族や職場での適切なサポートに支えられながら安定した状態を保ち，復職後3カ月頃には，対外的な業務にもある程度関われるようになった。「定時で上がれる水曜と週末には，ウォーキングをするようにした。少しはダイエットもしないと」と，笑顔で話す余裕も見られるようになった。部長と次長からも「以前のAさんらしさが戻ってきたように感じる」と，順調な様子がT心理士に報告された。

B. プロジェクトリーダーへの復帰

　半年を経過したころにはAさんはすっかり回復した様子を見せ，部長からは，プロジェクトリーダー業務に再チャレンジさせてみたいと打診がなされた。T心理士は，「現在のAさんであれば大丈夫なようにも感じますが，不調におちいった状況と類似した状況に身を置く際には，再発のリスクも上がります。そうならないように，できる工夫を考えておきましょう」と投げかけた。部長からは，「前回はわれわれのサポートも充分でなく，Aさん一人にすべてを任せ過ぎてしまった。今回は，Aさんに任せつつも，困ったときにはすぐに相談がしやすいよう，しっかりコミュニケーションを取りながらサポートしていく」と語られた。また，次長は，「Aさんは人一倍周囲に気を配るタイプで，部下の面倒見も良いので，新入社員はAさんのチームに配置するのがよいと考えてチーム編成を行った。しかし，よく考えると初めてのチーフエンジニア，初めてのプロジェクトリーダーと，重圧がかかるなかでの新人教育は，明らかに負荷をかけ過ぎだったと思う」と話す。そして，「今回は，新人ではなく派遣社員をAさんのチームに配置して，雑務を頼みやすい環境にしたらどうだろうか」と提案がなされ，その方向で調整することとなった。

　こうして，Aさんは改めてプロジェクトリーダーに着任することになった。最初は緊張して少し肩に力が入っている様子であったが，周囲からの細やかなサポートもあり，安定して任務を遂行できている様子がうかがわれた。Aさんも，プロジェクトリーダー業務について，「以前は，自分を高く評価してくれた部長の期待を裏切るわけにはいかないと，必要以上に気負いすぎて空回りしていた」「いくら気持ちで頑張ろうとしても，身体がついてこなければ意味がない。身のほどを知って，うまく周囲の力を借りながらやっていきたい」と，肩の力が抜けた様子で振り返れるようになっていった。

　順調な経過により，本人および部長・次長との面接の間隔を徐々に空け，X＋2年7月，終結となった。

II 領域ごとに求められる連携・協働の概説

1 「コミュニティ」としての職場

(1) 産業・労働領域における場の多様性

　産業・労働領域の現場は多様であり，相談内容も幅が広い。また，心理職が関わるときの立場も一様ではない。金井（2016）に基づき，産業・労働領域の主な実践の場を，**表 6-1** に示した。

　このような現場における心理職の支援内容は，就労において生じた問題に関する支援と，就労そのものの支援に大別できる。就労において生じた問題には，主にメンタルヘルス不調に関わる問題がある。メンタルヘルス不調とは，「精神および行動の障害に分類される精神障害や自殺のみならず，ストレスや強い悩み，不安など，労働者の心身の健康，社会生活および生活の質に影響を与える可能性のある精神的および行動上の問題を幅広く含むものをいう」（厚生労働省, 2006）と定義される。就労そのものの支援には，障害者等の就労支援やキャリア相談などが含まれるだろう。

表 6-1　産業・労働領域の主な実践の場

1. 企業内相談室
2. 外部 EAP
3. 公共職業安定所（ハローワーク）
4. 産業保健総合支援センター
5. 障害者職業支援センター
6. 公的機関（自衛隊や警察・消防等）
7. クリニック・単科精神科病院

心理職が関わるときの立場は，大きく分けて，クライエントである労働者が働く場，すなわち事業場内にて支援するか，事業場外の外部機関で支援するかによって異なる。事業場とは，企業・組織（公的機関などを含む）において同じ場所にあって，組織的に業務を行うひとまとまりの単位のことをいう。事業場内にいれば，労働者が働く場を直接見られることが多く，働いている状況を理解しやすい。また，事業場内の他の産業保健スタッフや上司・同僚との関わりも比較的容易である。一方，事業場外の外部機関で支援する場合には，労働環境が理解しにくく，事業場内のスタッフや上司・同僚に関わることは困難である。

(2) 職場を「コミュニティ」としてとらえる

産業・労働領域における心理職は，職場をコミュニティとしてとらえる視点が重要である。

まず，クライエントである労働者の訴えが，個よりも組織の問題を反映している場合がある。たとえば，過重労働で疲弊したクライエントが相談に来たときには，そのクライエントだけではなく，同じ部署の他の労働者も疲弊している可能性がある。今回の事例ではAさんのみが負担を抱え込んでしまっていたが，それが同じ部署の他の社員にも同様に生じている可能性もある，ということである。

次に，個と環境の適合（Person-Environment Fit）の視点が重要である。たとえば，いわゆる体育会系で上司の指示に従順で，がむしゃらな従業員には，専制型のリーダーで残業が多いことは苦にならないかもしれない。一方，仕事と生活の調和を重視する従業員には，このような専制型のリーダーが理不尽な指示を出すことや，残業が多いことは苦痛だろう。組織をネットワークの網の目のようにとらえた場合，一点に問題が生じているのではなく，ネットワークの関係性，つまり，個と環境の関係に問題が生じていると考える視点が重要である。今回の事例ではAさんと部長，次長との関係は良好であり，むしろAさんを頼りにしていた傾向があるため，その点では問題はない。しかし，Aさんが休職することによって，部署のネットワークに変化が生じ，他の社員に負担がかかる可能性がある。

第三に，環境を知らなければ個の訴えはわからない。「仕事をしていても圧迫感があって」という訴えは，仕事のノルマがプレッシャーになっているのではな

く，上司の座席が自分の真後ろにあって，余計な緊張を強いられているのかもしれない。職場そのものを見なければわからないこともある。したがって，なるべく職場を見せてもらうことが重要である。

最後に，心理職自身もコミュニティの一員であることを忘れないことである。心理職単独でできることは限られている。チーム全体の力が最大限発揮できるように，心理職は自分の持ち場で，できることに真摯に取り組む意識を持つことが重要である。

2 さまざまな関係部門との連携・協働

(1) 事業場内の産業保健スタッフ

事例で示したように，産業・労働領域においてはさまざまな職種が関わる。そこで，連携・協働が必要な職種をまとめて，図6-1 に示した。

まず，事業場内の産業保健スタッフである。事業場の産業保健に関わるスタッフには，産業医，保健師，看護師，衛生管理者などが含まれる。このほかにも，事業場で雇用される精神科医，心理職，管理栄養士，運動指導員，作業環境の専

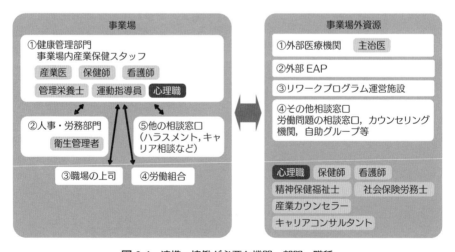

図 6-1　連携・協働が必要な機関，部門，職種

門家などが含まれることがある。このなかで法的に選任する必要があるのは産業医と衛生管理者だけであるが，必要に応じてスタッフが配置されている。

A．産業医

事業場において労働者の健康管理などについて，専門的な立場から指導・助言を行う医師をいう。産業医の職務は，健康診断，面接指導，作業や作業環境の管理，健康管理，健康教育，健康相談など，労働者の健康管理全般に関わる。常時50人以上の労働者を使用する事業場では，産業医を選任しなければならない。常時1,000人以上の場合は，専属の産業医が必要である。

B．衛生管理者

事業場において，労働環境の衛生的改善と疾病の予防処置などを担当し，事業場の衛生全般の管理をする者である。衛生管理者は，健康障害の防止，労働衛生教育，労働災害防止の対策，健康の保持増進に対する対策に関わる。常時50人以上の労働者を使用する事業場では，事業場の規模に応じて，定められた人数の衛生管理者を選任する必要がある。

C．産業看護職

産業領域の保健師および看護師のことを指す。産業看護職は，健康障害の予防，健康と労働の調和，健康および労働能力の保持増進，安全と健康に関して好ましい風土の醸成などに関わるとされている（日本産業衛生学会産業看護部会，2015）。

(2) 事業場における主要部門との連携・協働

事業場において連携・協働が必要となる部門や人として，人事・労務部門，職場の上司，労働組合などがある。

A．人事・労務部門

採用，人員配置，評価，勤怠管理，教育研修，社会保険や福利厚生手続きなどの業務を担う。特に，今回のような職場復帰に関わる事例では，人事・労務部門が休業者が職場復帰をするときの基本となる手順を示した，「職場復帰支援プログラム」を作成している場合が多い。よって，心理職はその手続きにクライエントを乗せるとともに，それぞれの手続きが円滑に進むように支援する必要がある。

健康管理部門に心理職が所属している場合には，人事・労務部門との連携・協働が必要になる。一方，人事・労務部門のスタッフとして，心理職がカウンセ

ラーなどの名称で所属している場合もある。この場合は、健康管理部門との連携が必要となる。

B．職場の上司

職場の上司は、部下（クライエント）の異変に気づいて、対応の仕方について心理職にコンサルテーションを求める場合もあるし、今回の職場復帰に関わる事例のように、職場での受け入れ体制の整備や、復帰後のフォローなど、職場における支援の中核的な役割を担う場合もある。

C．労働組合

労働組合の中心的役割を担い、労使交渉などにおいて労働者側の代表となる役員は、日ごろから従業員の悩みを聞いている場合があり、職場の状況を働く側の立場から把握している。

D．その他

ハラスメント相談窓口、キャリア相談窓口など、心理職が所属していない相談窓口との連携・協働も考えられる。

(3) 事業場外資源との連携・協働

企業・組織によっては、事業場外資源を活用している場合も多い。また、これらの資源内に心理職が所属していることがある。その他、社会保険労務士、キャリアコンサルタントなどが関わっていることもある。

A．外部EAP

EAP（Employee Assistance Program）は従業員支援プログラムと訳され、特に外部EAPと呼ぶときは、事業場外において、産業精神保健に関する支援を主として行う事業者のことを指す。外部のEAP機関においても、カウンセラーとして心理職だけでなく、精神保健福祉士、産業カウンセラーなどが関わり、事業場から委託契約を受けて相談業務などを行っている。

B．外部医療機関

従業員が外部医療機関に通院・入院している場合、当該機関との連携・協働が必要になる。特に、職場復帰事例では連携・協働が求められる。後述するように、メンタルヘルスの問題において休職した場合には、外部医療機関の精神科医などの主治医と、職場の産業医とが連携する必要がある。

C．リワークプログラム

　外部医療機関や外部 EAP 機関などが運営するリワークプログラムがある。リワークプログラムとは，継続的に施設に通うことで生活リズムなどを整えると同時に，施設において軽作業やグループワークなどを行いながら，職場復帰に向けた準備を行うプログラムのことである。リワークプログラム内での休職者の状態に関する情報は，職場復帰を判断するにあたって重要であることから，リワークプログラムを運営する機関との連携が必要となる。

D．その他の相談窓口

　労働問題の相談窓口，外部のカウンセリング機関，自助グループなどが考えられる。

3　連携・協働のタイミングとポイント（職場復帰支援を例に）

　ここでは，冒頭に紹介した事例のプロセスに沿って，各段階での連携・協働のポイントについて説明する。

(1) 面接初期（休職前）の連携・協働

　前述のとおり，産業・労働領域における協働・連携の対象者は多岐にわたる。複数名の対象者との連携・協働を行いながら対応するケースもあれば，連携・協働を要さず，個人面接のみで対応が完結するケースもある。面接初期にはアセスメントに基づき，その対象者を選定することが求められる。

　本章で示した事例の A さんは，相談につながるまでに随分と時間を要した点に特徴がある。エピソードからは，自らが他者をサポートすることには積極的な一方で，他者からサポートされることには不慣れ，といった人物像がうかがわれた。連携・協働を行うことは，サポートする側のメンバーを増やすことを意味する。A さんのように，サポートを得ることへのためらいが強い場合は，不用意にサポーターを増やすことで罪悪感や葛藤を強めさせないよう，慎重に連携・協働を進める必要がある。しかし，実際にそのバランスをどう見極めるかは，難しい課題である。

　事例においては，すでに症状が深刻化した状態での面接開始であったことか

ら，T心理士は，医師との連携・協働を最優先事項と判断した。少しでも早く医療的な治療につなぎ，服薬や休養の判断を仰ぐことが目的である。また，T心理士はAさんに，上司（部長もしくは次長）や家族（妻）とコミュニケーションを取るよう促した。こうした動きは，上司や家族との間接的な連携・協働関係の構築を試みたものと理解できるだろう。事業場内の心理職の場合には，必ずしも本人を経由しなくとも，上司と直接コンタクトを取ることが可能である。また，家族に同席を求めることもできる。しかしT心理士は，Aさんの個性を踏まえ，Aさん自身が判断し，行動するよう選択肢を提示するに留めた。結果的にAさんの症状は悪化し，休職に至った。

　このように，心理職ができる限りの配慮を尽くしながら連携・協働の対象者を選定し，対応したつもりでも，良い結果につながらないことは残念ながら起こりうる。こうした場合，同じようなプロセスをたどる事例を二度と発生させないよう，関係者間で議論を尽くし，支援のあり方を多角的に見直していくことが必須である。たとえば，本事例の場合には，上司にコンタクトを取る方法を見直しておくことは有用であろう。上司に知られたくないというAさんの意向を尊重しつつ，ストレスチェックの集団分析結果や部下の長時間労働など，「Aさんの不調」以外の理由で上司へのヒアリングを設定する方法が想定される。さらに，こうした対応を類似事例の発生予防につなげるためには，ストレスチェックの集団分析結果の効果的な活用方法や，長時間労働者への対応方法などについて，人事・労務スタッフとも充分に議論を交わしておけるとよいだろう。

　また，本事例においては，専門職チームとして，社員への情報発信のあり方を全面的に見直しておくことも重要であろう。Aさんの場合，初回面接につながる以前よりさまざまな不調を自覚しており，職場でも何らかの兆候が見られたものと推測される。にもかかわらず，悪化するまで相談につながらなかったのは，健康管理センターが社員にとって使い勝手のよい組織としては認識されていない，心身の不調の早期発見・早期介入の重要性を社員に充分に浸透させられていない，といった課題が露呈したものといえる。こうした課題を真摯に受けとめ，センターの利用案内方法や研修内容など，情報発信のあり方を見直しておくことは必須であろう。そして，こうした議論を率直に交わせるような関係性を，周囲のスタッフと日ごろから構築しておくことも，心理職に求められる連携・協働のポイントといえるだろう。

また，本事例では取り上げなかったが，一般的にサポートを得ることへの抵抗感が少ないクライエントの場合や，症状がより軽微な段階での来談であった場合には，保健師や看護師など，医師以外の専門職と積極的に連携・協働し，健康管理や悪化予防の観点からのサポートを充実させることも少なくない。そうした選択肢を効果的に活用するためにも，各事業場において，誰がどのような機能を担っているのか，お互いの役割を熟知しておくことも重要である。

(2) 休職時の連携・協働

休職時の連携・協働においては，安心感をもって休養してもらえるようなサポート体制を整えることが求められる。このとき，本人やその家族だけでなく，上司をはじめとする職場のメンバーや人事・労務スタッフも，連携・協働の対象者であると同時にサポート対象となることを強調しておきたい。

A．本人への対応

本人に対しては，今後の動き方を丁寧に共有することが心理職の役割となる。事例でも，「Aさんの同意／了承を得て」という説明が散見されたが，「○○について，△△という伝え方で□□さんに伝えてもよいか」など，具体的な伝え方も含めて了承を得るように心掛けたい。丁寧に情報を共有することで，今後の見通しが持てるようになるだけでなく，何がどう伝わるか，周囲にどう受けとめられるか，といった不安を軽減することが可能になる。また，不調時には，いつものようには思考が働いていないことも少なくない。そのため，事例のように，文書など，あとで読み返せるものを資料として準備することも有用である。

B．家族への対応

家族に対しても同様に，文書を用意したり，ときには面接を設定したりするなどして，今後についての説明を行う。家族が少しでも安心感をもって休養期間中のサポートを行えるよう支援することは，本人にとって良好な治療環境を整えるうえでも重要である。

C．上司への対応

職場の上司に対しては，連携・協働を通して，部下の休職に伴う欠員状態での職場のマネジメント，および復職後のサポートを担うことの負担感を軽減することが，心理職の役割となる。上司によって，部下の不調に対する受けとめ方や責任の感じ方，復職後のサポートへの負担感など，抱える思いはさまざまである。

また，休職時の職場の状況やメンバー間の関係性など，職場が抱える事情もさまざまである。心理職には，こうした事情を丁寧に聞き取りながら，上司の思いや職場の事情を踏まえたうえで，提供すべき情報や依頼すべきサポート内容を取捨選択することが求められる。

事例の場合は，部長はAさんの不調に責任を感じており，後悔の念を抱いていた。それに対してT心理士は，不調の要因を複合的なものとして解説し，面接で得た情報の一部も，Aさんの了承を得ている範囲で補足的に伝えた。また，Aさんの休職が職場に与えうる影響についても，確認を行った。もちろん，心理職から上司に対して何を伝え，何を確認すべきかは，状況次第で大きく異なる。しかし，職場全体のマネジメントと部下の個別ケアをともに担う上司の重責を，少しは緩和できるようにと思いを巡らせながらコミュニケーションを図ることは，その後のより良い連携・協働関係構築のための土台となるだろう。

D．人事・労務スタッフへの対応

人事・労務スタッフに関しては，専門職以上に，職場の実情に即した効果的なサポートの選択肢や，幅広いアイディアを有している場合も多く，さまざまな対応について相談するパートナー的存在として連携・協働を行うとよいだろう。ただし，異動して日が浅く人事・労務業務に不慣れな場合や，他の業務に忙殺されて余力がない場合など，こちらからのサポートが必要となることもある。

E．主治医への対応

事例にも示したとおり，主治医との連携・協働の担い手は，基本的に産業医の役割となる。立場の異なる主治医と産業医が，文書や意見書，本人経由の口頭でのやり取りなどを通して足並みを揃えておくことは，復職のプロセスをより順調なものとするうえで有用である。

(3) 休職中の連携・協働

A．復職までの三つの時期

休職者は，休職から就労再開までの間に，①職場離脱期，②心身安定期，③復職準備期の三つの時期を経るといわれている（種市，2010）。

①職場離脱期は，職場から心身ともに離れ，休息を取り，生活リズムの安定を図る時期である。服薬治療を中心とした休息の時期であり，リワークプログラムなどへの参加はしない。②心身安定期は，安定した生活のなかに日課を取り入れ

ると同時に，内面の整理を進める時期である。生活リズムが整い，起床時刻と就寝時刻が徐々に安定する。心理職などとの面接のなかで生活の安定を確認しながら，徐々に心理的支援も行う。③復職準備期は，職場復帰に向けたトレーニングを行いながら，復職に向けた環境調整などを職場や家庭の関係者と進める時期である。この時期になってから，リワークプログラムに参加を検討する場合もある。休職中の連携・協働は，この3期のプロセスに応じて段階的に行われる。

B．クライエントへの心理職の関わり方

ただし，事業場内の心理職の場合には，事例のように，休職中の支援には直接関わらないケースも少なくない。とりわけ，①職場離脱期には，本人の希望がない限り接触することはほとんどない。②心身安定期にも，基本的には接触を控える。しかし，治療期間が長期にわたる場合には，産業医の指示の下，経過観察のための面接を実施することもある。③復職準備期には，休職者がどのような治療を受けているかに応じて，関わりの要・不要を判断する。

事例のように，リワークプログラムなど，復職に向けた支援体制が整備された治療機関に休職者が通院している場合には，主治医および同機関に所属する専門家に治療を一任し，復職可の判定がなされるまで，基本的に接触は控える。一方，服薬治療と休養が中心で，復職に向けた支援体制が整備されていない治療機関に通院している場合には，産業医の判断に基づき，主治医の了承も得たうえで，事業場内の心理職が定期的な面接を実施したり，社内外のリワークプログラムへの参加を促したりするなどして，復職に向けた準備をサポートする。

C．復職直前段階

その後，3期のプロセスの最終段階として，復職面接が設定される。本人の心身の状態の充分な回復をもって，主治医から「復職可」と判断する意見書が提出されたら，事業場内では復職面接のための準備が進められる。準備は産業医が中心となり，本人，上司，人事・労務スタッフらとの連携・協働体制が整えられる。心理職やその他の専門職は，産業医の指示の下，各関係者との面接を実施したり，産業医の面接に同席したりするなどして，情報を収集・整理する役割を担う。具体的な動き方は，事例に示したとおりである。

なお，本人から「午後からなら出社できる」など，短時間での勤務の希望が出されることがあるが，正社員での雇用契約においては所定労働時間を下回る勤務は一般的に認められない。ただし，社内制度として試し出勤制度等を設けている

場合があるので，それに従って復帰準備を進めることもあるだろう。「心の健康問題により休業した労働者の職場復帰支援の手引き」（厚生労働省，2013）には，①模擬出勤，②通勤訓練，③試し出勤の制度が示されている。これらの制度については，処遇や災害が発生した場合の対応，人事労務管理上の位置づけについて，労使間でどのような検討がなされ，ルール化されているかについて把握しておく必要がある。

D．この時期の心理職の連携・協働

このように，休職中の連携・協働は，本人の意向および治療経過や治療構造のあり方に応じて選択的になされる。そして，この時期は，心理職が連携・協働の主体を担うことはほとんどなく，産業医や主治医の判断に応じて，支援ネットワークの一員として動くことが求められる。連携・協働の際のポジションがこのように場面や状況に応じて柔軟に変化する点は，産業・労働領域の特徴といえるだろう。

(4) 復職後の連携・協働

復職後の連携・協働においては，本人がサポートの対象者としてではなく，共に働く仲間として職場に受け入れられるよう配慮することが求められる。もちろん，復職後の周囲のサポートは不可欠である。しかし，周囲のメンバーが「特別なサポートをしなければいけない」と身構えることなく本人と関わっていけるよう，サポートを依頼しつつも押し付け過ぎないように，バランスを見ながら対応することが求められる。

事例においては，元々，Ａさんと周囲のメンバーの関係が良好であり，復職後も，部長と次長が共にＡさんのサポートに積極的であった。加えて，部長や次長の言葉からは，不調の一因となった職場側の課題を適切に把握できている様子が見受けられた。そのためＴ心理士は，具体的な助言は最小限に留め，直接Ａさんとコミュニケーションを取りながらサポートのあり方を調整することを推奨した。このように，周囲のメンバーにサポートする準備が整っていると推察される場合には，あえて判断の余地を残し，当事者間でのコミュニケーションの活性化を促すことが連携・協働のポイントといえるだろう。専門職不在の場においてブレインストーミング的に検討されるサポート案は，事例に示したチーム編成の見直しのほか，担当業務の変更や席替えなど，多くの場合，専門職の提案よ

りも実用的なものとなる。

　反対に，周囲のメンバーがさまざまな事情から復職後のサポートに強い負担感を抱いている場合には，依頼するサポートを具体的かつ限定的にすることも重要である。事業場内の心理職にとって，休職した社員のみならず，すべての社員がサポート対象であること，そして職場全体の通常業務が滞りなく遂行されるよう配慮し，休職した社員の事情を100％優先するというわけではないことを常に念頭に置いておきたい。

4　連携・協働のために必要な知識

(1) 産業・労働領域におけるアセスメントの留意点

A. 生理的・心理的・社会的側面

　産業・労働領域においても，生物的（bio）・心理的（psycho）・社会的（social）などの，多角的なアセスメントが重要なことはいうまでもない。たとえば，職場復帰支援の事例などをまとめた小山（2013）は，**表 6-2** のような3軸のアセスメント項目をまとめている。心理職も基本的に，このような見立てを頭に入れる必要がある。

　これ以外には，所属部署や職種の特徴，クライエントと同じ時期，同じ職種の

表 6-2　現症，勤労状況，生活状況の3軸からなるアセスメント項目

Ⅰ　医学的見解：現症
疾患の種類，主な症状，症状の程度，服薬の状況，睡眠の状況，生活全般における意欲と興味・関心の保持，気分・不安，注意集中力，その他の身体所見
Ⅱ　安全・衛生にかかる要因：勤労状況
作業環境，勤務時間と適切な休養の確保，職業性ストレスの程度，就労に関する意欲と業務への関心，段階的復帰（の程度），職場の対人関係における予期的不安等，支持・理解者の存在，安全な通勤の可否，疲労蓄積度
Ⅲ　個人・状況要因：全般的生活状況
睡眠－覚醒リズム，食習慣，運動習慣，業務と類似した行為への関心・遂行状況，医療費・保険書類などの利用・管理状況等，整容・居住環境の清潔保持，育児・介護の有無と程度，支持的な家族や友人の存在，QOL（包括的健康度）

（小山，2013を著者一部抜粋）

一般的なキャリア・パス（キャリアの道筋）などを理解しておくとよいだろう。今回の事例では，チーフになった時期が他の人よりも早いこと，チーフの業務がエンジニア的要素よりマネジメント的要素が大きく，仕事内容が実質的に変化していることなど，キャリアの節目に当たる時期であることを理解している必要がある。

B. 疾病性と事例性

また，産業・労働領域では，疾病性（illness）と事例性（caseness）の区別が重要である（廣，2013）。疾病性とは，医学的にみて病気か否かということであり，診断内容や重症度が含まれる。一方，事例性とは，対象となる労働者がその異常（異変）によって不利または不当な状況に置かれて苦痛を感じているか，または周囲の者がその異変のために影響を受けていることをいう。

疾病性と事例性は一部重なるが，一致しない場合もある（北村，2017）。たとえば，毎日飲酒し離脱症状もあるが（アルコール依存），欠勤もなく仕事をきちんとこなし，周囲に迷惑をかけていない場合がある（疾病性あり，事例性弱い）。一方，医学的診断はつかないが，度重なる問題行動（遅刻，欠勤，周囲とのトラブルなど）で職場が手を焼いている場合もある（疾病性弱い，事例性強い）。これらの両者が相談対象になりうるので，両者の観点からのアセスメントが必要である。

C. 心理的要因と身体的要因

なお，職場では，心理的側面に目が行きがちであることに留意すべきである。たとえば，事例のようにストレスチェックの結果を元に相談に来れば，「職場のストレス要因→心理的ストレス反応」という図式を想定しがちである。しかし，そのような心理・社会的要因によるものばかりではない。たとえば，職場のストレスで抑うつ症状を訴えていたが，最後に「他に何か気になることはありますか」と聞いたら左手のしびれを訴えたので，精密検査につなげたら，初期の脳梗塞が見つかったという例もある。北村（2017）は，職場の精神疾患について，「おかしい」と感じる勘，「わからない」ことを自覚する重要性を述べている。より深刻な疾患の可能性（たとえば統合失調症など），心理より身体的要因による可能性（たとえば脳梗塞など）を，常に頭に留めておくことが重要である。

(2) 労働関連法規と産業精神保健の施策に関する知識

産業・労働領域における連携・協働を考えるうえで，労働関連法規と産業精神

保健の施策に関する知識は，得ておかなければならない．

A．労働契約法関連

まず，法律上，労働者と使用者との関係は，個々の労働者と使用者間の労働契約に基づく．労働契約とは，労働者が使用者に使用されて労働し，使用者はその労働に対して賃金を支払うという契約である．このような労働契約において，使用者は労働者に対して賃金を支払うだけでなく，労働者の健康と安全に配慮する「安全配慮義務」（労働契約法第5条）がある．

B．労働安全衛生法関連

職場における労働者の安全と健康を守り，労働災害を防止することを目的としてできた法律が，労働安全衛生法（1972年）（以下，安衛法）である．安衛法では，労働安全衛生に関わる全般的な計画や措置を定めている．

また，安衛法に基づき，「事業場における労働者の健康保持増進のための指針（トータルヘルスプロモーションプラン：THP）」（1988年），「快適職場指針」（1992年）が示されている．

その後，「心理的負荷による精神障害等に係る業務上外の判断指針」（1999年）が出され，精神障害による労災認定の指針が示された（後に「認定基準」〈2011年〉となる）．翌2000年，「事業場における労働者の心の健康づくりのための指針」が示され，メンタルヘルス不調を予防するため，「心の健康づくり計画」に基づき四つのケア（**表6-3**）を継続的かつ計画的に実施することとされた（2006年に「事業場における労働者の心の健康の保持増進のための指針」として改正）．

C．職場復帰支援関連

また，本事例のテーマである職場復帰支援については，事業場向けマニュアルとして「心の健康問題により休業した労働者の職場復帰支援の手引き」（厚生労働省，2013）が示されている．この手引きでは職場復帰支援を，①病気休業開始および休業中のケア，②主治医による職場復帰可能の判断，③職場復帰の可否の判断および職場復帰支援プランの作成，④最終的な職場復帰の決定（その後，職場復帰），⑤職場復帰後のフォローアップの五つのステップに分け，円滑な職場復帰を支援するために事業者および，産業保健スタッフ，管理監督者などによって行われることが望ましい事項を示している．

このような指針に基づき，職場の安全衛生計画が立てられていることを知っておかなければならないし，産業精神保健の施策は毎年のように出されるので，心

表 6-3　四つのメンタルヘルスケア

セルフケア	事業者は，労働者が以下のセルフケアが行えるよう支援する。 ・ストレスやメンタルヘルスに対する正しい理解 ・ストレスへの気づき ・ストレスへの対処
ラインによるケア	労働者に日頃から接する管理監督者が以下のケアを行う。 ・心の健康に関する職場環境の改善 ・労働者に対する相談対応
事業場内の産業保健スタッフによるケア	セルフケア及びラインによるケアが効果的に実施されるよう，労働者や管理監督者を支援する。 心の健康づくり計画の実施に当たり，中心的な役割を担う。 ・具体的なメンタルヘルスケアの実施に関する企画立案 ・個人の健康情報の取扱い ・事業場外資源とのネットワークの形成やその窓口 ・職場復帰における支援，など
事業場外資源によるケア	・情報提供や助言を受けるなど，サービスの活用 ・ネットワークの形成 ・職場復帰における支援，など

(厚生労働省，2006 を著者一部抜粋)

理職は動向を注視しなければならない。

D．ストレスチェック関連

　さらに近年，安衛法が改正（2014 年）され，心理的な負担の程度を把握するための検査，すなわちストレスチェックが義務化された。ストレスチェックにおける高ストレス者の面接指導を担当するのは医師であり，面接指導に心理職が直接関わることはない。しかし，医師面接を希望しない社員に対して，高ストレス状態で放置されないようにするなど適切な対応を行う観点から，産業医等と連携しつつ心理職が相談対応を行う役割を求められることがある。

E．その他

　そのほかに押さえておくべき内容として，以下のものが挙げられる。

①第 12 次労働災害防止計画（2013 年）（2018 年に第 13 次計画が策定される予

定）
②過労死防止対策推進法（2014 年）
③パワーハラスメント対策導入マニュアル（2016 年）
④障害者雇用促進法（2016 年改正）
⑤事業場における治療と職業生活の両立支援のためのガイドライン（2016 年）
⑥自殺対策基本法（2006）および自殺総合対策大綱（2017 年）

これらの概要について知りたい場合は，働く人のメンタルヘルス・ポータルサイト「こころの耳」<small>（厚生労働省，2017）</small>を調べるとよいだろう。

III 他領域専門職が求める心理職のコンピテンシー

1 産業・労働領域で働くために必要なコンピテンシー

産業・労働領域で働くために必要なコンピテンシーについて，坂井ら（2015）は，以下の三つのキャリア・パスを示している。

①産業・労働領域に受け入れられる前提となるコンピテンシー――社会常識やマナー，自己アピール力，プレゼンテーション能力，組織へ適応する力。
②個人の支援に関するコンピテンシー――個人の見立て，適切な社会資源につなぐ力，ケースコンサルテーション能力など。
③職場・組織の支援に関するコンピテンシー――組織の見立て，個人／組織の状況を全体的に客観的に把握する力，個人／組織の双方にメリットがある落としどころを探れる力，関係者との調整や交渉を行う力など。

特に，③職場・組織の支援に関するコンピテンシーは，習得に時間がかかると

認識されているが，是非身につけることを意識したいコンピテンシーである。

2 他領域専門職が求める心理職のコンピテンシー

　前項のコンピテンシーは，心理職が働く場によって発揮が求められるかどうかが異なる。ここで大切なことは，自分の立ち位置を把握し，そこで求められることを理解し，わきまえることである。

　産業医が嘱託で常駐せず産業看護職のみの職場で，心理職に多くの役割が期待される職場もあれば，産業医がリーダーシップを発揮し，心理職はフォロワーの立場を取ることが望ましい職場もある。産業医がメンタルヘルスに関心が高いもの，あまり得意ではないので心理職に期待している職場もあれば，会社の意向で受け入れたはよいが，産業医自身は心理職に期待していない場合もある。そのような状況を把握したうえで必要に応えることが，他領域専門職からの信頼につながるといえる。

　他領域専門職とライバル関係にならないことも大切である。すでに保健活動を行っている「先達」の他領域専門職の意向を聞かずに心理職の専門性・独自性を発揮しようとすると，これまで行ってきた方針とは相容れないものとなる。心理職の専門性・独自性を意識することは重要だが，それはあくまでも他領域専門職とのチームにおける調和のなかで，と考えなければならない。

　他領域専門職からは，専門職としてだけでなく，「人物」としても評価される。専門知識にいくら長けていても，「話しにくい」「面倒くさいことを言う」というのでは，連携・協働は始まらない。「この人と一緒に仕事をしたい」「この人になら任せたい。相談したい」という，いわゆる職業的「仲間」と思われるように，チームへの貢献に臨むことが大切である。

IV 他領域専門職への心理業務内容の伝え方

　産業・労働領域においては，心理職はチームにおける調和を意識しながら，自身の立ち位置を自覚し，言動を選択することが求められる。言い換えると，心理職の業務内容を正確に伝えることや，心理職の専門性・独自性を強調することよりも，その時々の場面において不足する視点や役割を見極めながら，全体のなかで欠けている部分を補うことができるよう柔軟に対応することが求められる。加えて，本領域においては，他領域専門職だけでなく，一般の労働者も主要な連携・協働の対象者となる。彼らにとっては，心理職を含めた各専門職がどのような専門性を有しているのかという細かい情報は，大きな意味を持たない。シンプルに「役に立つか否か」が重視される。

1　ボトムアップ的な情報整理のすすめ

　このような領域において，心理職は，どのように自らのポジションを確立し，周囲の理解・協力を得ていくことができるのだろうか。もちろん，事業場ごとに求められる工夫はさまざまであるが，あえて一つ選ぶならば，「ボトムアップ的な情報整理」を挙げておきたい。
　本領域における心理職の業務の特徴のひとつは，個人ないしは組織が抱える課題が集約された情報，つまり，職場の生の声に触れる機会が他領域専門職に比べても圧倒的に多い点にある。同時に，雑多な情報があるなかでも，そうした情報に注目しやすいのも，心理職の職業的特徴といえるだろう。こうして得られた情報は，組織の現状をより良くしていくための貴重な資料となりうる。
　しかし，守秘義務の観点から，生の情報をそのまま提示することは不可能である。こうした制約をクリアするための方法が，「ボトムアップ的な情報整理」である。これは，得られた情報を蓄積・分類し，情報源が特定されないかたちで整

理する作業を意味する。「質的研究の発想に則った情報整理」と言い換えることもできるかもしれない。こうした方法により，「最近の○○部署は他部署に比べて，業務のやりがいのなさを訴える人が増えていて心配」「最近は，△△に対して問題意識を抱く若手が増えているようだ」など，個人を特定できないかたちで，その時々に得られた情報を整理・発信することができたならば，心理職の業務に自ずと関心を向けてくれる人が増えていくものと感じている。

V その他──自己研鑽とネットワークづくり

　産業・労働領域において心理職が活躍するためには，大学院修了あるいは臨床心理士・公認心理師などの資格取得レベルでは不十分であり，産業・労働領域特有のコンピテンシーの獲得が求められる。そのためには自己研鑽とネットワークづくりが必要である。

　自己研鑽のためには，学会や職能団体などに所属し，研修会や大会に継続的に参加するとよいだろう。産業・労働分野の学会には，日本産業衛生学会，日本産業ストレス学会，日本産業精神保健学会，日本ストレス学会，日本EAP協会，日本産業カウンセリング学会などがある。日本臨床心理士会や各都道府県の臨床心理士会でも研修会を開催している。

　ただし，参加するだけではネットワークは広がらない。学会であれば，口頭でもポスターでも発表を行い，意見交換，情報交換の機会を作る。学会発表や論文作成はネットワークづくりにつながる。職種にかかわらずこの人と思った先生には，質問して，名刺交換をする。運営や手伝いに加われる機会があるなら，積極的に手を挙げる。このような活動のなかでネットワークが広がる。

　ネットワークが広がると，書籍や論文には書いていない具体的で有益な情報を直接得ることもできる。また，自分自身がキャリアを発展させるうえでの情報（求人情報も含めて）も得ることができる。同じ職場ではできないような意見交換や交流がある。毎年会う人との近況報告のなかで，他の職場の動向を知ること

もできる。そこには当然，他職種専門家も含まれる。その意味では，ネットワークづくりは，自分が連携・協働する能力を磨く格好の機会といえるだろう。

【文　献】

廣尚典（2013）要説　産業精神保健——職場におけるメンタルヘルス対策の手引き．診断と治療社

金井篤子編（2016）産業心理臨床実践——個〈人〉と職場・組織を支援する．ナカニシヤ出版

北村尚人（2017）労働者個人に対する相談対応能力．大阪商工会議所編．メンタルヘルス・マネジメント検定試験公式テキスト　Ⅰ種マスターコース［第4版］．中央経済社，pp.156-175.

厚生労働省（2006）労働者の心の健康の保持増進のための指針．[http://www.mhlw.go.jp/topics/bukyoku/roudou/an-eihou/dl/060331-2.pdf]（2017年11月21日確認）

厚生労働省（2013）心の健康問題により休業した労働者の職場復帰支援の手引き．[http://www.mhlw.go.jp/file/06-Seisakujouhou-11300000-Roudoukijunkyokuanzeneiseibu/H25_Return.pdf]

厚生労働省（2017）こころの耳．[http://kokoro.mhlw.go.jp/]（2017年11月21日確認）

小山文彦（2013）治療と仕事の「両立支援」——メンタルヘルス不調編．労働調査会

日本産業衛生学会産業看護部会（2015）産業看護の定義について．[http://sangyo-kango.org/wp/?page_id=23]（2017年11月21日確認）

坂井一史・深瀬砂織・三浦有紀・種市康太郎（2015）産業領域で働く臨床心理士のコア・コンピテンシーとキャリア・パスの検討．心理臨床学研究, **33**(1), 15-25.

種市康太郎（2010）職場復帰支援プログラムにおける仕事力評価の試み．産業精神保健, **18**(1), 47-54.

第7章 私設・開業領域

今井たよか

I 事例 〈架空のシナリオ〉 *Fictitious scenario*

1 概 要

(1) 心理専門職と所属機関の特徴

A. 心理専門職

T心理士。40代の女性。大学は心理学部，大学院修士課程は臨床心理学を専攻して修了。総合病院の心療内科で約10年間働いた後，この10年はスクールカウンセラーと並行してZ相談室を個人で開設し，パートタイムで運営している。

T心理士は相談室を始める以前から，精神分析的心理療法のトレーニングとして個人心理療法やスーパーヴィジョンを継続して受けると同時に，認知行動療法や対人関係療法などの研修にも積極的に参加してきた。

B. 所属機関

Z相談室はY市にあり，繁華街から少し離れた静かな場所にある，小さいテナントである。相談室には対面式の一人がけ用の椅子が1組と，カウチがある。

Z相談室に来談するクライエントのおよそ3分の2は医療の必要はなく，家族や

対人関係に関する悩みや，性格上の課題のために来談している。学校関係者からの紹介で，卒業後の心理支援のために10代のクライエントが来談する場合もある。また，保護者に自分自身の課題についての相談ニーズがある場合にも，学校からの紹介がある。そのようなケースでは，必要に応じて学校と連携を行う。医療機関との連携は，以前に勤めていた心療内科や，近隣の精神科クリニック，児童精神科外来などとも行う場合がある。産業領域からの紹介もまれにある。

(2) クライエントについて

A．クライエント

Aさん。20代前半の女性。大学入学時にY市で一人暮らしを始めた。卒業後はそのままY市に住み，会社員として働いている。原家族は，父，母，弟の4人家族。父は自営業で，母は主に家事をしながら父の仕事を手伝っている。弟は4歳下で，Aさんのインテーク面接時は大学生であった。

Aさんはしっかりした長女として父母を助け，弟の世話をした。学業成績は優秀で，真面目で責任感が強いことから，クラスのリーダーになることも多かった。

Aさんが中学生のとき，父の仕事が行き詰まり，一家は経済的な危機におちいった。母が不安がって父を責め立てた。Aさんも不安だったが家族に気持ちを話すことはできず，外の世界に過剰に適応して，学業と部活動に打ち込んでいた。地元の高等学校に通っていたころから，Aさんの気分はだんだんと沈みがちになった。奨学金を受けて進学できた大学ではサークル仲間との交流で楽しい時期もあったが，卒業後の目標をなかなか定めることができず，漠然とした不安が強まっていった。

会社員として就職したが，その年の5月に，学生のときにグループ交際していたサークルの先輩に失恋した。6月になり，気分が落ち込む日が増えていった。上司の勧めで会社の健康管理室の看護師に相談したとき，置いてあったZ相談室のチラシを見つけた。

B．家族

Aさんの母は，弟の出産後に抑うつ状態となり，その後もときどき，ふさぎ込んで家事ができなくなる時期があった。母が不調な時期は，Aさんと弟は近隣にある母の実家に預けられることがしばしばあった。父は酒やギャンブルが好きで外向的，また，仕事のかたわらAさんとも弟ともよく遊んだ。弟は愛嬌があり，大人からも同年代の子どもたちからも可愛がられるタイプであった。

2 臨床経過

(1) インテーク面接

A. 出会い

　X年6月，会社の健康管理室に置いてあったチラシを見たAさんは，「ここに行ってみたらいいかも」と思い，自らZ相談室にメールで連絡をとった。T心理士はAさんに連絡して，申し込みの動機や紹介経路などについて簡単に聞いたうえで，インテーク面接の日時を設定した。その際，「会社の健康管理室から紹介状がもらえるようなら持参してほしい」とも伝えた。

　Aさんは時間どおりにZ相談室を訪れた。場所は調べてわかったと言う。身長は標準的でややふっくらした体型，素顔に近く，髪の毛は長め。服装は地味だが清潔で，はっきりした顔立ちだが，かなり疲れている様子だった。

　まず，紹介状の有無を確認すると，「その後健康管理室に行けなかったので，そのまま来ました」との答えであった。T心理士は少しひっかかりを感じたが，それ以上は尋ねず，「そうですか。では，今日はどういうことで来られたのか，お話していただけますか」と伝えた。Aさんは少し間を置いてから，「大学に入学してこちらに出てきたんですけど，それまでも家族のこととかいろいろあったというか。初めて一人暮らしをして，最初はサークルの友だちとかと遊んだり，それなりに楽しかったんですが。でも，だんだん自分は何か，他の人たちと違うなというのがわかってきたんです」と，小さくため息をついた。周りは学業も人間関係も積極的に楽しんでいるように見えたが，自分は常にどこか自信がなくて周囲とのズレを感じていたこと，3回生ぐらいになれば恋愛や就職など，自分の希望する方向に進んでいく友人が多いなかで，自分だけどうやって生きていったらいいかわからない感じがして，落ち込んでいったという話をする。「もともと人とうまく話せないし，男の人とどうやってつきあったらいいかもよくわからなくて」と言い，少し涙がにじむ。

　T心理士は，「大学で一人暮らしを始めて，最初は楽しかったけど，だんだん他の人たちと自分がどこか違っているような不安な感じがするようになったんですね。自分は周りの人たちと同じようには楽しめなかったし，自分がこうしたい

というのがわからなかったと感じておられるんですね。人と話すこと，特に男子と話すことに自信が持てなかった」と返して待つ。ここでAさんは，何かをぐっとこらえる様子で，しばらくうつむいて沈黙する。「自分には，この世に生きていく場所がないような感じがする」と抑えた調子で言い，また少し涙ぐむ。T心理士は何か重いものを感じた。

B．抑うつ状態のアセスメント

　二人ともしばらく沈黙していたが，Aさんのほうから話題を変えて，「何かこれをやりたいというものはないまま，今の会社に採用してもらえたので働いている。仕事は自分なりにがんばろうとしているが，毎日何となくだるくて午後になると頭痛がひどい。疲れているのになかなか寝つけない」などと述べ，抑うつ状態であることが推測された。そこでT心理士は，さらに詳しく気分の状態をアセスメントするための質問をしていったところ，大学時代に感じていたのとは質的に異なるような強い抑うつ気分，興味の減退，不眠，疲労感，自己無価値感，集中力の減退などが，この3週間ほど，ほぼ毎日続いていることがわかった。家族の状況や生活史なども聞いていくと，母の気分障害のエピソードがあり，家族の世話役として自分を抑えながら学業に努力してきたこと，責任感が強く，几帳面な性格傾向などがうかがえた。

　T心理士は，「Aさんのお話をここまでうかがったところ，これまで一人でとてもがんばって来られたのだなと感じました。がんばり続けたために，今はとても心が疲れているように見えます。気分がずっと落ち込んでいて意欲が出ないし，かなり心のエネルギーが低下している状態のようです。私は，Aさんには医療の助けが必要なのではないかと思います。お医者さんとよく相談して治療したら，時間は少しかかるかもしれないけれども，気分の落ち込みはだんだん良くなるだろうと考えられます」と，ゆっくり丁寧に伝えた。

　Aさんはしばらく考えて，「カウンセリングではなく，病院に行ったほうがいいということですか」と尋ねた。T心理士はAさんが何か訴えかけたい様子なのを感じながら，「そうですね。カウンセリングがAさんの役に立つのか，今は医療的なケアに専念したほうがいいのか，お医者さんの意見が聞きたいですね。それで，ここでのカウンセリングが必要ということになれば，主治医と連携をとりながらカウンセリングをしましょう。心のエネルギーが出てきたら，悩んでおられることを充分に話し合えると思います。今の提案についてどうですか」と伝

えた。Aさんは少し考えているようだったが，「では，病院を探してみます」と言ったので，T心理士は「必要ならいつでも医療機関に手紙を書きます」と伝えてインテーク面接を終えた。

(2) 再度の来談から継続面接へ

A. 再来談までの経緯

インテーク面接後，Aさんからの連絡はなかったので，1カ月ほど経ってT心理士からAさんにメールを送ってみたところ，医療機関を受診して治療を受けているとのことだった。T心理士は「お大事になさってください。また必要があればご連絡ください」と返信した。

1年半経ったX+1年12月，Z相談室にAさんからメールが来た。「ご無沙汰しております。以前に一度カウンセリングを受けたAと申します」から始まるメールで，その後クリニックで軽症うつ病との診断が出て，薬物治療を受けていたが，順調に回復して医師からの紹介状ももらったので，T心理士のところでカウンセリングを受けたい，との希望が書かれていた。T心理士はあらためてインテーク面接から始めることを伝え，Aさんは了承し，再度の来談となった。

B. インテーク面接

久しぶりに出会ったAさんは，体型が少しスリムになったようで，若者らしい生き生きした感じが伝わってきた。服装もピンクや白の入った明るい印象になっていて，化粧もしている様子だった。声のトーンも前回よりはっきりしていた。Aさんは「よろしくお願いします。U先生からの紹介状を持って来ました」と言って立っているので，T心理士は「どうぞ座ってください。紹介状ありがとうございます。まず拝見しますね」と言い，少し時間をとってその場で紹介状に目を通した。

WクリニックのU医師によると，うつ病（DSM-5）／大うつ病性障害・軽度の診断にて，U医師による診察内での心理教育，薬物療法，短時間の支持的精神療法を行ったところ，当初の症状は半年後には著明に改善し，その後も徐々に改善したので，この秋ごろに院内の心理職による認知行動療法を勧めたところ，数セッションやってみて「認知行動療法は自分に合わない」と訴え，Z相談室でのカウンセリングを再開したいと希望されたので紹介する，ということだった。T心理士は，Aさんが一度だけ来たT心理士のところで「再開」したいと考えた

のは，どういうことだろうと思った。

「あのときは，一度ここに来られて，私が医療受診をお勧めしたのでしたね。AさんはU先生のところに通われて，うつは良くなってこられたんですね。今回，ここでカウンセリングを受けたいと希望されたようですが，そのあたりのことをもう少し詳しくお話しいただけますか」と，T心理士は伝えた。Aさんは，「薬でうつは良くなってきたと思うが，何か不安というか，生きていきにくい。自分のなかに苦しさの根っこのようなものがあって，それが何かはわからないけれども，そのままにしておくとまたうつになるかもしれない。そのために，Z相談室でカウンセリングを受けたいと思った」と，ゆっくり考えながら話す。そして，1年半の間にあった出来事，会社は3カ月休職して復帰し，ぼちぼち働いているがこのままでいいかどうかわからない感じ，昨年のクリスマスから仕事関係で出会った2歳年上の男性とつきあっていること，その男性の支えがあってうつが良くなってきたと思うことなどを話す。

T心理士は，Aさんの話の内容が充分に具体的で，語り口も落ち着いており，自然な感情が伴っているところなどから，抑うつ状態は改善していること，Z相談室でカウンセリングを受けたいとAさん自身がよく考えてきていることを感じた。今回はAさんの希望に応じることが，Aさんの役に立つように感じられた。そこで，継続面接のためにどのような進め方をするかを説明し，Aさんは同意した。Wクリニックとの連携は初めてであったが，インテーク面接の後，T心理士はU医師に，紹介へのお礼とこれからアセスメント面接をすることなどを簡単に書いた手紙を送った。

C．アセスメント面接

アセスメント面接で，Aさんはこれまでの家族の歴史，大学時代の友人関係，仕事のこと，つきあっている男性Bのことなど，じっくりと内省しながら話し，それに対するT心理士の応答を受けとめているようだった。病態水準はひとまず神経症圏と考えられ，他者を理想化し，悪いことはすべて自分のせいのように感じて自責する，抑うつ性パーソナリティの傾向がうかがえた。仕事に対しては几帳面で勤勉であり，対人関係では自信がなく遠慮がちであった。生活史のなかでは，自分のニーズを後回しにすることで，仮の適応を図ってきた様子が感じられた。

以上のようなフォーミュレーションを行い，継続面接の契約を行った。面接の

目的は，これまで苦しかったことについての自己理解を深め，新たな対処の方法を考えること．設定は，週1回50分，対面での面接を行う．Aさんの事情による24時間前以降のキャンセルは，有料とした．緊急時に限って電話での対応をすることや，守秘義務等についての説明を行い，必要に応じてU医師との連携を行うこと，その他にも必要があれば他機関との連携や紹介を行うことについての同意を得た．以上について契約書を交わし，継続面接を開始した．U医師に対しては，以上の方針を伝える報告の手紙を郵送した．

D. 継続面接

継続面接が始まり，Aさんは，自分が我慢をして家族の世話役でいなければ，母が死んでしまうのではと感じていたこと，中学校時代に父が経済的な危機におちいったときには，強い無力感を覚えたこと，自分も誰かに世話されたいという欲求もあるが，その欲求が満たされないことへの怒りを他者に向けようとすると，不安が強まって逆に自分を責めてしまうことなどを，洞察しつつ話していった．BさんはそのようなAさんの世話をしてくれる存在であるが，Aさんは「Bさんが疲れてしまうんじゃないかと心配」と繰り返し語っていた．

職場のほうでも，Aさんはときおり不安定になり，職場内の相談室に非常勤で来ている保健師に相談に行くことがあった．Aさんに求められ，その意味を話し合ったうえで，T心理士はAさんとどんな目的でカウンセリングをしているか，現在の状況がどう理解できるかを簡単に書いた手紙を保健師あてに送った．保健師からは電話連絡があり，職場内でのAさんの状況と，職場としての支援方針について知ることができた．T心理士は保健師に，必要に応じて連携していくことを伝えた．そのことをAさんに伝えると，Aさんは少し安心した様子だった．

面接は順調に進んでいるように感じられたが，X+2年12月，Bさんから「他に好きな人ができたので別れてほしい」という申し出があり，Aさんは大変なショックを受けた．Aさんは「私がBさんに頼り過ぎていた．Bさんには私のことだけ好きでいてほしいと思った私が悪かったと思う」と，自分を責め立てた．Bさんの支えを失ったAさんは急激に落ち込み，「死にたい」気持ちが強くなった．年末年始の休暇を前にしてAさんが不安定であることに，T心理士も不安を感じた．

12月24日の夜10時ごろ，T心理士の相談室用の携帯電話にAさんから着信

があったため，緊急対応の必要を感じてT心理士が電話に出ると，Aさんは飲酒しているような様子で，「先生ごめんなさい。やっぱり生きるのが無理です」と混乱した声で話す。今どこにいるのか，どういう状態なのか，どうやって安全を確保するかを20分程度話したところ少し落ち着いてきたので，翌日にWクリニックを臨時で受診するように約束し，12月最終週にT心理士との臨時の面接を設定した。翌日の朝，T心理士はU医師に電話をして，Aさんの危機について情報共有したうえで，Z相談室として臨時面接の対応をすることを伝えた。

E. 臨時面接

臨時面接に来たAさんは憔悴した様子で，「自分なんかが生きていていいと思えない。私なんかが誰かに愛されたいと思うのが間違っている」などと訴えつつ，苦痛と悲嘆を吐き出すように語り続けた。自殺の実際的危険についてアセスメントする質問をいくつかして，「死にたい」とは思っているものの具体的な自殺の準備はしておらず，「死にたいけど死ぬのはやっぱりこわい」と意識できていること，リストカットなど身体を直接傷つける自傷行為はしていないこと，などが確認された。お正月はできれば家族のもとで過ごすこと，飲酒を控えることなどを助言し，U医師の助言についても一緒に確認し，正月明けの面接の予約を入れて，「次に会うときまで死なないと約束してほしい」と伝えた。Aさんは笑って「それは自分で決めます」と言い，少し安心した様子で帰っていった。

このタイミングでT心理士は，自身のスーパーヴァイザーに助言を求めた。T心理士はそのなかで，Aさんを援助したいという自分自身の動機のなかに含まれる個人的な感情の問題，つまり逆転移の問題についても，率直に考えることができた。

(3) うつ病の再発と面接の継続

A. 再発の時期

AさんはBさんとの別離がきっかけで，抑うつ状態が再燃したようだった。年末年始の危機対応により，自殺の危機は軽減していた。T心理士は再度U医師に電話をして，「ここでカウンセリングを中断した場合に，AさんにとってBさんと同時にT心理士にも見捨てられた経験になることの不利益を考えており，抑うつ気分の強いときには，それに応じて技法的な工夫をしながら面接を継続することがよいのではないかと考えているが，U医師から医学的な判断を求めた

い」ことを伝えた。

Aさんに対しても，「今はうつの状態になっているので，カウンセリングを継続するかどうか，U先生の意見が必要です。私は，今の状態に合ったやり方で一緒にうつが抜けられるように面接を続けることができると考えていますが，それにはU先生のサポートが必要です。少しカウンセリングを休んでから再開することも可能だと思います。AさんもU先生とよく話し合ってください」と伝えた。Aさんは，「T先生も私のことで疲れているんじゃないでしょうか」と，不安を訴える。T心理士は，「今はAさんの心がとても疲れているから，それで私も疲れてしまうのではないかと，元気なときよりずっと不安になりますね。誰かに頼りたいけれども，頼るとその相手が疲れてAさんを見捨ててしまうのではないかと感じるのは，Aさんのしんどいパターンだということを，これまで何回も話し合ってきました。でも，うつがひどい間は，そういう感じ方について急いで掘り下げることもお休みしましょう。まず元気を回復して，それからまた一緒に考えましょう」と伝えた。

AさんはU医師に電話して状況を伝えた。U医師は翌日Aさんの診察を行い，Aさんの現在の状態はBさんとの別離への反応としてとらえられることを確認した。U医師とAさんは，薬物療法をしっかり続けること，自殺や自分を傷つける行為をしないこと，もっと危機的な状態になったらカウンセリング中止の指示を出す場合もあることなどを約束し，カウンセリングは継続になった。

その後，抑うつ状態が強い間は，T心理士も心理教育や認知行動療法の技法を援用しつつ，うつ病の回復を援助した。Aさんの抑うつ状態は，波はありながらも回復していった。そのなかで，Aさんは以前に比べて，T心理士に直接怒りや悲しみを向けることができるようになっていった。

B. 自己理解の深まり

次第にAさんは，「母のうつ病が病気だとわかっていても，自分に気持ちを向けてくれない母に対して，心の底ではとても怒っていたのかもしれない。その母と同じうつ病になってしまった自分が許せなかったのかもしれない」と，ずっと我慢してきた感情を語るようになっていった。うつ病で頼りにくい母に比べて，よく遊んでくれた父のほうがAさんにとっては頼りやすかったし，今もどうしても男性に頼ろうとしてしまうが，頼ると見捨てられる不安が出てくることも気づいていった。そして，「Bさんとの別離がうつ病再発の原因になったが，実は

初めてここに来たのも失恋したのがきっかけだった」と，やっと最初の失恋のことを話すことができた。

X+3年12月には，「去年の年末は，T先生にもU先生にも迷惑をかけたなと思いますけど，私が死にたいと言ったときにT先生とU先生が連絡を取り合ってくれたので，安心できたと思います。うちの家は，父も母に対して腫れ物に触るような感じで，なかなか言いたいことを言わないので，私も気を使っちゃって」と，少し悲しそうに笑いながら話せるほど余裕が生まれていた。

C．終結に向けて

Aさんは次第に将来どうするかについて考えられるようになり，現在の職場の退職を希望し始めた。退職するかどうかを決めるにあたって，U医師のコーディネートで，Aさん，U医師，職場の保健師，T心理士が，Wクリニックに集まって話し合いを行った。そのなかで，この2年間でAさんが成長したことと，現時点での課題と思われることについて4人が率直な考えを出し合うことができた。Aさんはさらに考えた末に，退職を決心した。

X+4年の春，Aさんは地元に戻って大学院に進学することが決まった。終結に向けて，T心理士との別離についての思いも話し合っていった。最後にAさんは，「大学のときは人間関係のことにこだわってしまっていて，思うように勉強ができなかった。いろいろあったけど4年間働いて貯金もできたので，アルバイトしながら今度は実家でもう一度勉強に挑戦したい。自分を責めるクセはなかなか直らないけど，どういうきっかけでうつが悪くなるかはわかってきたので，再発しないようにぼちぼちやっていきたいです」と語った。T心理士は「まあ，たまには人に頼ってもいいということを忘れないでね」と伝え，Aさんは照れるように笑っていた。必要に応じての再開やフォローアップ面接を保証して，Aさんとの面接は終結した。T心理士からU医師には，面接の終結について簡単な手紙を送った。

II 領域ごとに求められる連携・協働の解説

1 私設・開業領域に求められる連携・協働

(1) 私設・開業領域の特徴

A. 私設領域のさまざまな特徴

　私設・開業領域（以下，私設領域）は多様である。その形態もさまざまで，心理専門職（以下，心理職）が個人で開設しているもの，会社やNPO法人など組織的なもののほか，広義では，心理臨床関連の研究・研修機関に付属している相談室なども私設領域に入るだろう。

　それぞれの私設相談機関（以下，私設機関）が専門とする分野や方法も，多彩である。たとえば，精神分析的心理療法，認知行動療法，家族療法などのような特定の心理療法を集中的に行っていたり，集団心理療法やアサーショントレーニングなどのグループプログラムを提供していたり，アウトリーチやコンサルテーションなど地域に向かってアプローチしているところもある。産業領域対象，子育て領域対象など，特定の対象に焦点を当てている場合もあるだろう。

　このように，私設領域は多様な形態をとりながら，それぞれの心理職が専門とするアプローチを，積極的に進めることができる。同時に，私設領域はさまざまなクライエントが直接やって来る場所であるため，常に目の前のクライエントのニーズに応じたアプローチを工夫する柔軟さが求められている（村上ら，2017）。医療機関であれば，できることは保険診療の枠内に限られ，教育機関であれば，学籍のある年限しか支援は行えない。私設領域はそのような制度の制約は少ないので，何を目的にしてどのようにやっていくかを，クライエントと話し合い，合意によって決めることができる。時間・頻度・期間・料金などの枠組みも，クライエントとの直接的な契約で設定できる。このようなクライエントに応じた自由度

の高さが，多様性とともに私設領域の特徴であろう。

　さらに私設領域では，その機関を心理職自身が運営・経営している場合が多い。そのため，他の領域であれば所属機関の管理職が負っている責任も，私設領域では個人または複数の心理職がすべて引き受けることになる。何かトラブルがあった場合に，解決したり，謝罪したり，償ったりすることも，基本的に当の心理職の責任になるし，経営的な厳しさも心理職自身が背負っている。支援者と運営者という二重の役割と，そこから生じる責任の重さも，私設領域の特徴である。

B．心理専門職の職業倫理

　ここまでのところをまとめると，私設領域は，運営責任を負ったうえで，クライエントとの直接契約に基づいて，多様で自由度の高い実践を行う領域であるといえる。それは，心理職の自律性の確立を前提とした営みである。

　この心理職の自律性の基盤になるものの一つが，職業倫理である。倫理には，クライエントの安全を守る義務，クライエントの自己決定を尊重する義務，秘密を守る義務，必要な連携を行う義務などが含まれる。これらの倫理的義務には，秘密を守る義務と連携の義務のように，何かを重視すれば何かに妥協が必要になるという「倫理的ジレンマ」が常に存在する（宇田川，2014）。また，倫理的な問題は正しいか否かで割り切れるものばかりではなく，むしろグレーゾーンをどう扱うかが課題になることが多い。

　私設領域では，支援者であり運営者でもあるという役割の二重性から，倫理的な困難が生じることもある。たとえば，金銭的な損失を無意識的に恐れてクライエントを引き留め，支援の期間を引き延ばしてしまう，といったようなことである。管理責任を心理職自身が負っているため，ひとたび境界侵犯が起きた場合には，自分以外に止める人がなく，深刻な事態を生じることにもなりうる。私設領域では，クライエントとの関係が複雑な情動を伴った密接なものになる傾向があるため，倫理的な逸脱への強い内的圧力がしばしばかかる。このような倫理的課題が生じるなかで，クライエントの安全を十分に守るために私設領域の心理職が行うべきことの一つが，連携・協働である。

C．独立性と安定性

　私設領域における連携・協働の意味について，渡辺（2012）は以下のように論じている。

「公共機関や，医療機関，学校，企業などの上部組織の管理，支配，権限，政治的経済的動向に左右されず，独立して安定した心理面接・心理療法をクライエントに提供できる」という，「独立性」「安定性」が個人開業の意義である。しかし，「こうした独立性は，往々にして，密室的，独善的，自己愛的にもなりやすい」「それを防ぐためには，自身にできないことは他職種の助力や協力を求めたり，ケース発表や実践報告の形で仕事内容の透明性に努めたり，（中略）臨床家仲間を持つことが，個人開業臨床心理士にはことに必要であろう」。すなわち，密室性の負の側面からクライエントを守るために行うべきこととして，連携と研鑽と仲間の重要性を指摘している。

渡辺のいうように，私設領域の特徴であり利点である「独立性」は，行き過ぎると「密室性」「独善性」という負の要因になって，クライエントを危険にさらしてしまう。その危険を防ぐための備えとして，「心理職ができることの限界の認識」と「連携・協働」が重要である。クライエントの課題には，心理的側面だけではなく，生物的・社会的な側面からのアプローチが有効である場合も多い。生物・社会・心理の3側面からの支援は，お互いに補い合いながら効果をもたらす。また，クライエントは心理面接の外の世界で，多くの人々と支え合いながら生活している。生活の場にクライエントに役立つ多くのリソースが存在しているなら，これを活用しない理由はない。

実際，心理領域以外から受けられる支援が安定していればいるほど，また，生活のなかでさまざまな対人関係から得られる支えや安心感があればあるほど，心理支援からクライエントが得られる利益も大きくなると考えられる。この点を踏まえると，私設領域が独立性・自律性という特徴を活かしてクライエントの役に立とうとするとき，クライエントの生活環境やそこにあるさまざまな支援全体のなかで，私設領域の支援がどのような位置づけにあるかを俯瞰的にとらえる視点が欠かせない。私設領域の支援を，支援の全体状況のなかに現実的に位置づけて考えることによって，クライエントと私設機関の両方を守るための適切な連携・協働が導かれる。

(2) 公認心理師の5分野との連携・協働

A. 5分野のあいだで

2017年9月15日，心理職の国家資格について定めた公認心理師法が全面施行

された。公認心理師は，「保健医療，福祉，教育その他の分野において」業務をすると定められているが，「その他の分野」に私設領域が含まれるかどうかは明示されていない。公認心理師養成カリキュラムを見ると，「分野」にあたるものは，保健医療，福祉，教育，司法・犯罪，産業・労働の5分野となっている（厚生労働省，2017）。

　私設領域は，これらの5分野との関係では，どのように位置づけられるであろうか。信田 (2016) は，アディクション問題，特にその家族の問題を専門分野とする私設相談機関を長年にわたり運営してきた経験から，私設領域の「生命線」は「クライエント数をどのように確保するか」であるとし，「ネット上で誇大な宣伝を繰り返すカウンセラーたち」と「私たち」の仕事を分ける「国による認証」として，公認心理師法の成立を歓迎する。そして，「家族，学校などの閉鎖されがちな集団における紛争処理的機能」のような新たな役割が，私設領域の「ニッチ」となり，公認心理師資格がその「新たな援助対象拡大の強力なツールとして活用」される，前向きな未来を描いている。

　たしかに，上記5分野では充分に果たしきれない役割を担い，5分野の狭間にあるニーズを引き受けることができるなら，私設領域の存在意義は大きい。そのためにはまず，5分野には実施困難なことで，私設領域にできることは何であるかを，対象者，用いられるアプローチ，枠組みの設定などについて，明示していくことが必要だろう。表 7-1 は，各領域から私設領域にどのような仕事を依頼さ

表 7-1　私設領域が引き受けることのできるサービスの例

保健医療分野に対して	精神分析的心理療法，認知行動療法，家族療法など専門的なアプローチへのニーズに応えること／家族のカウンセリング／ワークショップやグループプログラム／当事者活動への支援など
福祉分野に対して	子どもの心理療法の外部委託／家族のカウンセリング／居場所づくり活動への協力／アウトリーチなど
教育分野に対して	子どものカウンセリングの外部委託／家族のカウンセリング／教員のコンサルテーション／出前授業など
司法・犯罪分野に対して	被害者のカウンセリング・心理療法／DV 加害者のグループプログラム／予防啓発活動への協力など
産業・労働分野に対して	ストレスチェック後のカウンセリングの外部委託／組織コンサルテーション／予防啓発活動への協力など

れる可能性があるか,挙げたものである。

　公認心理師は名称独占資格であり,その業務は公認心理師でなくても行うことができる。信田が描くように,公認心理師がクライエントに選ばれる支援者になるためには,公認心理師の資格を取得しているだけでは不十分で,職能集団としての公認心理師が質の向上に努力しており,その質についての情報がクライエントを含む一般の人々に伝わっている必要がある。今後,私設領域の心理職も,公認心理師の資格を持って仕事を展開していくなら,他の領域の公認心理師と共に研修する機会も増える。そのなかで,お互いの仕事をよく知って,信頼に基づいてクライエントを紹介し合うようなネットワークが構築できると,クライエントにとって利用できる心理支援の幅が広がる。

B．ここまでのまとめ

　以上のように,私設領域は自律性や独立性を持った領域として,クライエントとの合意に基づく自由度の高い支援を提供できるが,その独立性を安全に機能させるためには,自らの限界を知って医療や福祉などと連携・協働することが必要になる。また,自由度の高さを生かして他の分野にはできないニッチな支援を提供することは私設領域の存在意義であり,それが充分に果たせれば,医療保健,福祉,教育などのさまざまな領域からクライエントを紹介されるような信頼関係を築くことができるだろう。

　次に,具体的にどのような連携・協働が必要とされるかを検討していく。

2 私設・開業領域に求められる連携・協働の実際

(1) クライエントを紹介される

A．広報と人脈

　私設領域はそれぞれの機関で宣伝や広報を行っており,特に近年では,ホームページを見て直接申し込んでくるクライエントの率が高い。また,心理職同士,顔の見える関係のなかでの紹介もしばしば行われている。しかし,医療や教育など外側の世界から見たとき,どの私設機関が信頼できるかがわかりやすく示されるシステムは,今のところ充分ではない。会員がどこでどういう仕事をしている

かを紹介している職能団体のホームページも存在するが，医療機関や教育機関などからそのようなホームページの情報のみで紹介を行うことは，信頼性の観点からなかなか困難に思われる。

このような状況のなかで，クライエントの紹介を受けやすくする努力が，私設領域においては必要となる。ホームページやチラシなど宣伝媒体の工夫ももちろん必要だろうし，昨今ではSNSなどを通じた広報も行われている。メディアを通した周知と同時に，連携・協働を行う可能性のある関係者と心理職が，直接出会う機会をつくっていく。関係者から見て「この人を知っている」と思えることが，信頼につながる。たとえば，講演などで話す，福祉関係や教育関係のケース会議で助言をするなど，地域に出かける一つひとつの機会が，私たちの仕事を知ってもらうチャンスになる。普段からさまざまな場に足を運んで関係者とのつながりをつくり，地域に今どんな課題があるかを知っておくことが連携・協働の下地になる。これが栗原（2011）のいう「人脈」である。

B．導入にあたって

紹介などに用いる関係者との連絡手段としては，電話，手紙，電子メールなどが考えられる。迅速な対応が可能な電子メールは使いやすいが，個人情報の取り扱いとセキュリティに厳重な注意が必要である。紹介を受けたら，できるだけ迅速にクライエントとコンタクトをとる。初回面接からアセスメント，継続面接への流れがクライエントにわかりやすく伝えられることが大切である。導入の過程で安全が守られているという実感をクライエントが持てるかどうかは，その後の支援にも影響を与えるだろう。

紹介を受けて実際にクライエントと出会ってみると，クライエントが求めていることと紹介者が求めていることが，必ずしも一致していないとわかる場合もある。その場合には，まずクライエントと充分に話し合い，クライエント自身の目標を明確にする必要があるだろう。また，初回面接，アセスメント面接という進行のなかで，今はこの私設機関では心理支援を行わないほうがクライエントの利益になる，と判断される場合があるだろう。その場合も，クライエントに理由がわかりやすく示され，充分に話し合ったうえで合意できるようにする。クライエントが支援を断る場合も，可能な限りそのことについて話し合う。紹介元に対しても，支援が開始できなかったことを，クライエントの了承のうえで伝えておきたい。

支援が開始できることになれば，クライエントに，必要に応じて紹介元などの関係機関と連携することについての了承を得て，紹介元にお礼，支援を開始したこと，アセスメントと方針，今後の連携の仕方などについて簡潔に返信し，将来の連携に備える。

(2) クライエントに医療が必要な場合

A. 話し合いに基づく紹介

　私設領域の連携・協働で最も多いのが，クライエントを医療に紹介するケースである。私設領域では従来から，クライエントに医療が必要であると判断した場合には，医療機関への紹介を行っている。医療機関への紹介にあたっては，アセスメントに基づいて，必要なことをクライエントと話し合って共有する。場合によっては，クライエントの家族との話し合いも行う。医療機関を受診するとどういう利益があると考えられるのか，その場合に現に進めてきた私設領域での支援がどうなるのか，納得が得られるまで可能な限り時間をかけて話し合うことが，長い目で見たときにクライエントの利益になるだろう。

　特に，医療機関への紹介がクライエントにとってどういう体験になっているかを考え，私設領域の心理職に見捨てられると感じていたり，病気や障害のレッテルを貼られるように受けとめられたりしている様子があれば，それについて話し合うことが大切である。また，情報をやり取りする際には，守秘義務についての配慮を充分に行い，必要な事項を選択して伝える。医療機関とのやり取りは，書面を厳封して郵送する場合が多い。

B. 責任分担と構造化

　クライエントにもともと主治医が存在していた場合にせよ，私設領域から医療に紹介して主治医ができた場合にせよ，主治医がいるときには，私設領域の心理支援と医療的ケアが，別々の場で並行して行われることになる。これは，現に進んでいるクライエントの心理支援について，主治医と心理職が共同で責任を負うことを意味する。このような「共同責任」による継続的な心理支援においては，医師と心理職が独立して責任を持っている専門職同士としての対話を重ねながら，クライエントの利益が最大になるように責任を分け合うことが求められる。

　注意しておきたいこととして，スプリッティングの問題がある。医療機関と私設領域で別々に医学的治療とカウンセリングや心理療法を行う場合，クライエン

> **表 7-2　主治医と心理臨床家の「柔らかいネットワーク」の工夫**
>
> 1. 主治医は心理臨床家に，現実場面での患者の様子を報告する。心理臨床家は，治療上の大きな変化が起きたときにのみ，主治医に報告すればよい。
> 2. 心理臨床家からの報告を受けたとき，原則として主治医は心理臨床家の面接内容に立ち入らない。
> 3. 主治医は「精神療法」の前面にできるだけでず，必要最小限の対応に留まる。
> 4. ただし，心理臨床家の要請を受けたときには，主治医としての機能を効果的に果たすように心がける。

(賀陽・北山，1990，p.275)

トが，医師と心理職のうち，一方にポジティブな感情，他方にネガティブな感情を向け，時期によってそれが入れ替わったりして支援が困難になることがある (Hemmings, 2007)。このようなスプリッティングは，クライエントの心理的課題の反映であることも，医師や心理職側の心理的防衛などの要因から生じることもある。このような状況はできるだけ早く気づいて，クライエントとの面接のなかで，クライエントの心理支援のための題材として話し合えるようにすることが基本になる。

　賀陽・北山（1990）は，精神科クリニック内の主治医と心理職の関係を検討するなかで，「柔軟な構造化の工夫」を提案している（**表7-2**）。そのうえで，主治医と私設領域の心理職について，「そこでも，基本的には上述した柔軟な構造化を行い，ネットワークを築いてゆくわけだが，互いに独立しているため，関係はよりゆるやかである。緊密な連携には欠けるが，心理臨床家はその分，より自由な立場をとることができる」と述べている。症状の悪化や大きい変化のあるときに，率直に，速やかに，主治医に報告・相談がなされることや，主治医からの意見に対して防衛的ではない，よく考えた応答をすることなどの積み重ねによる信頼関係があれば，ネットワークが「柔らかい」構造を持つことが可能だろう。

(3) さまざまな領域との連携・協働

A. 支援方針の共有

　医療以外の領域とも，さまざまな連携・協働が必要になることがある。連携するのは，教育領域なら学校や教育相談機関など，福祉領域なら児童相談所や就労

支援施設など，産業・労働領域ならハローワークや各事業所のメンタルヘルス担当部署など，司法・犯罪領域なら被害者支援担当部門などが考えられる。連携の目的は，関係者がクライエントの課題について共通理解を持ち，それをもとにして新たな支援方針を立てることである場合が多い。いずれの場合でも，医療の場合と同じく，連携の際には守秘義務に慎重に配慮して，クライエントの合意に基づいて進めることが原則になる。

　子どもの心理支援を行っている私設機関は，学校と連携を行う場合がある。従来，特に公立学校は，民間機関との連携が守秘義務の観点から難しい面もあったが，文部科学省が進めているチーム学校の方針のなかで，学校と私設領域の連携も行いやすくなることが期待される。子どもと家族が私設機関を直接訪れて心理支援を開始したとき，将来の連携のためにまず学校に連絡を取っておくという考え方もできるし，学校から求められた場合にのみ連携を行うという考え方もあるだろう。どのような連携方法がよいかを，子ども自身とも家族とも話し合ってあらかじめ決めておくと，その後の協働が進めやすいだろう。

B. ケースマネジメントとインフォームドコンセント

　学校をはじめとして複数の領域にまたがって連携・協働を行う場合には，その連携全体をコーディネートする責任者，あるいはケースマネジメントの担当者が誰であるかが明白であるほうが進めやすい。クライエントについての情報が，どの範囲でどのような守秘義務のもとで共有されるのか，ケース会議の招集や記録の保管などについて，どの機関のどの担当者が連携全体の運営責任を担うのかが明確化されていると，安全に連携を行うことができる。

　たとえば，高等学校で長期欠席しているクライエントの進級を巡って会議が行われる場合，会社を休職しているクライエントの復帰を巡って会議が行われる場合など，クライエントの人生に重大な影響を及ぼす会議に，私設領域の心理職が参加を求められる場合もある。この場合も，私設領域の倫理的責任により，そのような会議への出席について必ずクライエントへ，場合によってはクライエントと家族へ，インフォームドコンセントがなされていなければならない。合意が得られなかったり，私設領域で行っている心理支援に不都合が生じるなどの理由で会議に参加できなかったりする場合には，コーディネートしている担当者に，理由を明確にした断りを入れることも必要である。

　このように，どのような連携においても，クライエントとの話し合いによる合

意が原則である。心理支援の中心にはクライエントがいて，提案される支援に対しての選択と決定は，最終的にクライエントが行うからである。昨今では，多機関連携の重要な話し合いに，クライエント自身，あるいはクライエントと家族が出席するということが一般的になりつつある。その場合には，連携や協働そのものが，クライエントへの直接的な心理支援の場になっているといえる。多機関連携のなかで私設領域の心理支援は，クライエントの意思決定を支える役割をこれまで以上に求められることになると考えられる（元永，2017）。

III 私設・開業領域に求められる連携・協働のコンピテンシー

　私設領域では，連携する相手は外部の機関であることがほとんどであるため，組織内の連携・協働とは異なる技能（コンピテンシー）を必要とする。外部機関との連携には，組織の性質の違い，責任の所在の違い，守秘義務による情報のやり取りの制約などへの特別な配慮を要する。とりわけ，私設領域のなかで起きていることを透明化してほしいという外部からの要請と，私設領域のなかで起きている支援のプロセスを守る義務とのジレンマに代表されるような，矛盾する複数の要請の間でバランスを取っていく技量が私設領域には求められる。

　そこで，以下では，私設領域に求められる連携・協働の技能について，①クライエントとの仕事を責任を持って引き受けることのできる基本技能，②クライエントと話し合って合意を形成する技能，③開示すべき情報を選択して関係者に適切に伝達する技能，④支援の全体状況をクライエントの心理支援に役立つ資源として用いる技能，という四つの技能群から検討する。

1　クライエントとの仕事を責任を持って引き受けることのできる基本技能

　私設領域の心理職は，当然のことながら，自らが行っているカウンセリングや

心理療法などの心理支援に熟練していなければならない。良い連携は,「このことについては安心してこの心理職に任せられる」という,関係者からの信頼の延長上にある。クライエントとの直接的な仕事を,クライエントにとって意義のあるプロセスとして安定して行うことができていれば,クライエントを通して間接的に「この心理支援は当面任せておいてよい」という認識が,関係者に生まれる。そのような信頼感を基礎とすれば,多過ぎも少な過ぎもしない最適な連携を行うことが可能になる。

　ここでいう心理支援の基本技能とは,上述のように倫理的課題に対応して適切な判断をする技能,開始から終結まで心理支援の構造をマネジメントする技能,クライエントを理解し,心理支援の方針をクライエントと共有するための心理的アセスメントの技能,医療が必要かどうかについてクライエントの身体症状や精神症状の評価を行う技能,カウンセリングや心理療法などの心理支援を進める技能などである。同時に,心理支援の限界を見極める技能や,自殺の危険などの危機に気づいて適切に介入する技能を充分に備えていなければならず,これらは,心理職が自身の専門性を高める技能や,あいまいさやジレンマに耐える技能,心身をセルフケアする技能とも合わせて,私設領域の心理支援を安定したものにする。

　以上のような,一定水準以上の安定した心理支援を提供できる基本技能が,連携・協働の前提となる。私設領域の「中の」仕事の技能が高ければ高いほど,「外の」領域との連携を有効に行うことができるし,外との連携を有効に行えれば行えるほど,中の仕事の安全性が増す,という良い循環をつくることが目指される。

2　クライエントと話し合って合意を形成する技能

　心理支援の中心はクライエントである。心理職や他のさまざまな領域の専門職は,クライエントが心理的な回復や成長のプロセスを主体的に進んでいけるように支援している。心理的な困難の軽減や改善は,主体性の回復との関連が大きい。心理支援のプロセスにおいて話し合いによる合意が重要な位置を占めるのは,それが心理的な主体性の成長と回復の核となるプロセスだからである。連

携・協働も，クライエントの主体性の成長と回復という文脈のなかで行われなければならない。

　そこで，連携・協働を行う場合，前もって，どこの誰と，何の目的で，どのような情報交換を行うのかを，まずクライエントと話し合う。それによって，「自分を抜きにした不利益な情報のやり取りが行われるかもしれない」というクライエントの不安が軽減され，今行っている心理支援において連携・協働にどういう意味があるのかを，クライエント自身が考えることができる。ここで，クライエントの主体性やインフォームドコンセントを重視するという態度を誤用し，専門家の責任をクライエントに負わせることになっていないか，注意しなくてはならない。専門家はあくまでも専門家としての責任があり，以下のような専門的技能によって話し合いを進める。

①話し合いのなかで必要充分な情報を提示する技能。
②現実的な選択肢を示す技能。
③クライエント自身から選択肢を引き出す技能。
④わかりやすい説明をする技能。
⑤クライエントの話すことを充分に聴いて話し合いを進める技能。
⑥クライエントの複雑な感情に共感し，その表現を促す技能。
⑦クライエントの利益が最大になるような合意を形成する技能。

　先にも述べたように，昨今では，クライエント自身が多機関連携のケア会議に出席することも行われている。クライエントのいない場所での連携の結果についても，必要な部分をクライエントに伝え，心理支援のなかで話し合っていく。
　また，重要なことだが，児童虐待防止法や精神保健福祉法などに関わるような，誰かの心身に重大な危険が生じるおそれのある場合には，クライエントとの合意が得られない場合でも，法律に基づいた適切な対処が必要になる場合がある。

3 ≫ 開示すべき情報を選択して関係者に適切に伝達する技能

　医師や他の専門職にクライエントを紹介したり，クライエントの状況についての情報提供を求められて行う場合に，どのような情報をどのように伝えるかということを選択する技能が求められる。まず第一に，その情報を外部に伝えることがクライエントにとって利益があり，クライエントがその情報を伝えられたと知って納得できるものかどうかを検討する必要がある。クライエントがその情報が外部に伝えられていると後から知ったときに，傷ついたりショックを受けたりするような情報の提供の仕方は，原則として不適切である。
　第二に，情報提供や情報交換は，クライエントの心理支援に役立つことを目的として行われているものなので，その目的を果たすのに必要のない情報を伝えないでおくことも重要である。情報はなるべく簡潔に，連携する相手の役割を充分に理解して，ポイントを絞って行う。ここで求められている技能は，以下のようなものである。

①連携に関するクライエントの心情を，クライエントの身になって想像する技能。
②連携の目的を理解して，必要な情報のポイントを絞る技能。
③連携する相手の役割を理解して，伝え方を工夫する技能。
④クライエントの利益のために，内部に留める必要がある情報を伝えない技能。
⑤意思疎通のずれがなるべく少なくなるような，簡潔で明確な伝え方をする技能。

4 ≫ 支援の全体状況をクライエントの心理支援に役立つ資源として用いる技能

　私設領域の心理支援，特にカウンセリングや心理療法のように，クライエントと心理職間の二者関係の深まりを用いて支援を行っていくアプローチにおいては，連携・協働による現実の第三者の登場は，心理支援のプロセスにさまざまな影響を及ぼす。クライエント，主治医，心理職が，一種の三角関係のような展開

になったり,そのなかで前述のようなスプリッティングが生じたりすることもある。多機関が連携する場合,クライエントがそれぞれの支援者とどのような経験をしているかが,輻輳的に展開することになる。複数の世話役が競合するようなことも生じる。

たくさんの人が関わると,クライエントにとって,誰かは話しやすく,誰かが話しにくい相手になったり,心理職に対して向けられている感情が,他の誰かに向け替えられたりというような複雑なことが起きてくる。そうなると,心理職自身も,自分が役に立っているか不安になったり,逆に心理支援を過信して他の専門職に対して批判的になったりといった,逆転移といわれるような無意識的な動きを経験することになる。

近年の心理療法の理論では,そのような動きが起きたときに,心理職はその動きに気づいてその意味を吟味し,クライエントの役に立つ部分を取り上げて面接のなかでその意味を話し合い,クライエントの自己理解が深まるようにすることが重要だと考えられている(川畑,2014)。

この技能には,以下のようなものが含まれる。

①現実の複数の関係者を含んだ支援の全体状況で起きていることを,クライエントの心理支援のプロセスという文脈から理解する技能。
②心理職自身の逆転移や,支援状況に生じているエナクトメントに気づいて,それらを理解する技能。
③起きていること全体からクライエントの心理支援に役立つことを見つけて,それをクライエントに伝達し,話し合う技能。

IV 連携・協働の軸としてのクライエント

最後に,クライエント自身が連携・協働の軸になる存在であることについて,事例(架空のシナリオ)を通して考察したい。

本事例の場合，抑うつ状態をアセスメントした結果，心理職はいったん医療を勧めて，すぐには心理療法は行わない判断をしている。医師は軽症うつ病の診断と治療をして軽快し，クライエント自身の動機によって，私設領域に再来談となった。ここで，主治医がクライエントと話し合って合意形成したことは，重要な要素である。クライエント自身が，どこで，誰に，自分のことをどのように話すかについて，その時点で自分にとって必然的な理由を感じていたものと思われる。主治医はそれを理解したうえで，心理療法の過程を見守った。心理職はその主治医の意図を理解し，症状の悪化に際しては速やかに主治医の協力を求めている。危機の時期を，クライエントが主治医と心理職の協力に支えられて乗り越えたことが，このクライエントが生活史のなかで抱えてきた葛藤についての洞察に役立ったと考えられる。

　抑うつ状態は，さまざまな疾患においても，不適応状態においても，よく表れる状態である。本事例においては，インテーク面接，再開時，再発と危機介入の時期と，少なくとも3回，心理面接を継続するかどうかの判断が必要なポイントがあった。本事例の判断はこれが正答ということではなく，異なる判断も可能であろう。T心理士は医療的判断をU医師に依頼することで，クライエントの安全を守りつつ，心理面接のプロセスについて，Aさんのニーズに責任を持つ姿勢を保とうと努力している。T心理士がAさんを理解して，その求めているものを真剣に取り扱おうとしている態度が，連携によって，何よりAさん自身を通してU医師に伝わり，継続する判断が得られたものと考えられる。

　心理支援・心理相談を求めるクライエントの多くは，自分らしく生きる，自分の考えを持って行動することが，外的・内的双方の要因による主体性の発達のつまずきのためにうまくできず，環境に圧倒され，それが外傷体験となり，また主体性を傷つけるということが繰り返されてきた歴史を持っている。精神疾患や精神障害の治療では，生物的な側面から充分に検証された薬物療法や休養，行動活性化などの適切な対処が適用されることは，いうまでもない。同時に，心理社会的には，疾患や障害を持ちながら一人の人間としてどのように主体性を回復していくかということが，より満足して幸福に生きるために重要な側面であると考えられる。

　栗原（2012）は，セラピーの過程はクライエントとセラピストが相互的に創っていくものであるとし，「それは，究極的に言えば，クライエントの内の自らの

人生の創出者としての主体性をサポートすることに他ならない」と述べている。これは，何も心理臨床の領域に限ったことではない。現代においては，医療や教育など，従来は「パターナリズム」が強いといわれていた領域でも，患者や生徒たちなど，その領域を利用する人々が主体性を発揮するためのサポートが強調されるようになり，インフォームドコンセントなどの方法論が蓄積されつつある。本事例の産業領域との連携において，クライエント参加型のカンファレンスを行って，クライエントの主体的な意思決定を支援しているのはその例である。

　私設領域と他の専門領域，特に医療領域は，心理支援の過程において，ときにはさまざまなジレンマにおちいるだろう。しかし，その中心にクライエント自身の主体性を置いたとき，関係者同士がどう協力したらよいかが自ずと明らかになるように思われる。クライエント自身が，医療者も心理職も含めて，支援者を上手に使っていけるような関係性をつくっていくことが大切に思われるし，そのための役割分担と責任を果たしていくために，私設領域の持つ課題は大きいと考えられる。

【文　献】

Hemmings, A. (2007) Other professionals: Support or intrusion?. In A. Hemmings et al. (Eds.), *Counselling and psychotherapy in contemporary private practice*. Routledge, pp.70-87.
川畑直人 (2014) 精神分析的心理療法におけるエナクトメントの意義. *Psychoanalytic Frontier*, 1, 5-14.
厚生労働省 (2017) 公認心理師カリキュラム等検討会報告書. [http://www.mhlw.go.jp/file/05-Shingikai-12201000-Shakaiengokyokushougaihokenfukushibu-Kikakuka/0000169346.pdf]
賀陽濟・北山修 (1990) 柔らかなネットワークへ向けて. 乾吉佑ほか編著. 心理臨床プラクティス1　開業心理臨床. 星和書店
栗原和彦 (2011) 心理臨床家の個人開業. 遠見書房
栗原和彦 (2012) 開業の現場から心理臨床実践の基本，マネジメントについて考える. 渡辺雄三・亀井敏彦・小泉規実男編著. 開業臨床心理士の仕事場. 金剛出版, pp.71-97.
元永拓郎 (2017) 心理臨床における法と倫理——展望とまとめ. 津川律子・元永拓郎編. 心理臨床における法と倫理. 放送大学教育振興会, pp.244-260.
村上雅彦ほか (2017) 一般社団法人日本臨床心理士会第11回私設心理相談領域研修会資料. 一般社団法人日本臨床心理士会
信田さよ子 (2016) 私設心理相談機関 (組織的). 野島一彦編. 公認心理師への期待. 日本評論社, p.106.
宇田川一夫 (2014) 最近の倫理問題の動向と課題. 一般社団法人日本臨床心理士会雑誌, **22**(2), 37.
渡辺雄三 (2012) 臨床心理士の個人開業. 渡辺雄三・亀井敏彦・小泉規実男編著. 開業臨床心理士の仕事場. 金剛出版, pp.7-29.

おわりに

　2016（平成 28）年の日本心理臨床学会大会で，誠信書房の中澤美穂編集部長より本書の企画を初めてうかがいました。心理臨床実践に役立つ本になるとすぐに思いましたが，一人で編集する自信は持てませんでした。もともと協働作業が好きで，本でも論文でも共著者を求めたがる傾向が自分にあると自覚していますが，それだけでなく，広い領域を網羅する本書の編集は私だけでは無理と感じ，強力な編者をお迎えするしかないと考えました。鶴光代先生にお願いしたところ，こころよくお引き受けいただきました。そこで，私は執筆者の一人となる予定でしたが，中澤部長のお勧めもあって，編者として残ることになりました。

　これまでも，鶴先生と学術団体や職能団体でご一緒させていただくことはありましたが，本を2人で創るというのは初めての体験でした。それなのに，1回の打ち合わせで企画の骨子が出来上がり，執筆候補者の全員から執筆の快諾をいただきました。執筆者から原稿が届くたびに，鶴先生と私の2人で内容を確認し，執筆者にお願いをして加筆修正していただき，出版に至ることとなりました。いろいろな要望に対応していただいた執筆者の先生方に，この紙面をお借りして感謝申し上げます。

　『シナリオで学ぶ心理専門職の連携・協働』という本書のタイトルにあるように，自分が働いている領域以外で，多職種が実際にどのように連携・協働しているのかを知るためには，理論だけでなく架空事例を提示することが一番わかりやすいと考えました。また，架空事例だけでは連携のもととなっている制度・法律や領域ごとに必要な能力等が充分にはわからないため，その分野の専門家による連携・協働に関する解説も必要であると考え，本書はその両方を満たすようにしました。

　内容も，第1章の総論にはじまり，第2章の医療領域，第3章の教育領域，第4章の福祉領域，第5章の矯正領域，第6章の産業・労働領域，第7章の私設・開業領域と，心理専門職が実際に心理臨床を実践している主たる領域が含まれています。初学者のみならず，中堅やベテランの方々にもぜひ手に取って読んでほしいと願っています。

おわりに

　時代は変わっても，対象者やそのご家族にとって質の保たれた心理支援の重要性は変わりません。連携・協働はそのためのものです。地域によって差がなく，年齢や性別，障害や疾病の有無にも関わりなく，必要としている方々に，適切な心理支援がタイミングよく届けられる未来のために，本書が少しでも役立つことを祈念しています。

　2018年4月

編者のひとりとして　津川 律子

■著者紹介（執筆順）

鶴　光代（つる　みつよ）【第1章】
　　〈編者紹介参照〉

津川律子（つがわ　りつこ）【第2章】
　　〈編者紹介参照〉

岩滿優美（いわみつ　ゆうみ）【第2章】
　現　在：北里大学大学院医療系研究科医療心理学教授
　著　書：『がん診療に携わるすべての医師のための心のケアガイド』（分担執筆）真興交易2011年，他

窪田由紀（くぼた　ゆき）【第3章】
　現　在：九州産業大学人間科学部教授，臨床心理士
　著　書：『学校コミュニティへの緊急支援の手引き［第2版］』（共編著）金剛出版2017年，『災害に備える心理教育』（共編著）ミネルヴァ書房2016年，『学校における自殺予防教育のすすめ方』（編著）遠見書房2016年，他

増沢　高（ますざわ　たかし）【第4章】
　現　在：子どもの虹情報研修センター研修部長，臨床心理士
　著　書：『日本の児童虐待重大事件2000-2010』（共編著）福村出版2014年，『社会的養護における生活臨床と心理臨床』（共編著）福村出版2012年，『事例で学ぶ社会的養護児童のアセスメント』明石書店2011年，他

渡邉　悟（わたなべ　さとる）【第5章】
　現　在：京都少年鑑別所所長，臨床心理士
　著　書：『心の専門家が出会う法律［新版］』（分担執筆）誠信書房2016年，『臨床心理検査バッテリーの実際』（分担執筆）遠見書房2015年，他

種市康太郎（たねいち　こうたろう）【第6章】
　現　在：桜美林大学心理・教育学系教授，臨床心理士
　著　書：『職場のポジティブメンタルヘルス2』（分担執筆）誠信書房2017年，『産業保健スタッフのためのセルフケア支援マニュアル』（共編）誠信書房2016年，他

割澤靖子（わりさわ　やすこ）【第6章】
　現　在：臨床心理士，家族心理士
　著　書：『心理援助職の成長過程』金剛出版2017年，他

今井たよか（いまい　たよか）【第7章】
　現　在：あるく相談室京都，臨床心理士
　著　書：『実践心理アセスメント』（分担執筆）日本評論社2008年，他

■ 編者紹介

鶴　光代（つる　みつよ）
現　在：東京福祉大学心理学部教授，日本心理臨床学会常任理事，日本臨床動作学会理事長，日本リハビリテイション心理学会常任理事，日本心理研修センター理事，他。臨床心理士，臨床動作士

主著書：『発達障害児への心理的援助』（編著）金剛出版 2008 年，『臨床動作法への招待』金剛出版 2007 年，他

津川律子（つがわ　りつこ）
現　在：日本大学文理学部心理学科教授，同心理臨床センター長，日本臨床心理士会会長，大学病院心理臨床家の集い代表幹事，他。臨床心理士

主著書：『心の専門家が出会う法律［新版］』（共編）誠信書房 2016 年，『臨床心理検査バッテリーの実際』（共編著）遠見書房 2015 年，『シナリオで学ぶ医療現場の臨床心理検査』（共著）誠信書房 2010 年，『精神科臨床における心理アセスメント入門』金剛出版 2009 年，他

シナリオで学ぶ心理専門職の連携・協働
――領域別にみる多職種との業務の実際

2018 年 4 月 20 日　第 1 刷発行
2018 年 6 月 25 日　第 2 刷発行

編　者	鶴　　光　代
	津　川　律　子
発行者	柴　田　敏　樹
印刷者	西　澤　道　祐

発行所　株式会社　誠信書房
〒112-0012　東京都文京区大塚 3-20-6
電話　03 (3946) 5666
http://www.seishinshobo.co.jp/

ⓒ Mitsuyo Tsuru & Ritsuko Tsugawa, 2018
印刷／あづま堂印刷　製本／イマキ製本所
検印省略　落丁・乱丁本はお取り替えいたします
ISBN978-4-414-41638-1　C3011　Printed in Japan

JCOPY ＜(社)出版者著作権管理機構　委託出版物＞
本書の無断複写は著作権法上での例外を除き禁じられています。複写される場合は，そのつど事前に，(社)出版者著作権管理機構（電話 03-3513-6969，FAX 03-3513-6979，e-mail: info@jcopy.or.jp）の許諾を得てください。

心の専門家が出会う法律 [新版]
臨床実践のために

金子和夫 監修
津川律子・元永拓郎 編

定評ある書籍の最新版。公認心理師法にも1章を充て、試験対策にも最適。この一冊で心の専門家が関わる法と実務が把握できる。

主要目次
- 第Ⅰ部　基本関係法
- 第1章　心の臨床実践に関連する法律の全体像
- 第2章　自殺対策について
- 第3章　災害における心のケア
- 第5章　公認心理師法／他
- 第Ⅱ部　医療・保健・福祉
- 第6章　医療現場における法律
- 第7章　心のサポート関連職種──医療関係
- 第8章　心のサポート関連職種──福祉／他
- 第Ⅲ部　対象別・領域別
- 第13章　学校臨床と法律
- 第14章　職域におけるメンタルヘルス対策／他
- 第Ⅳ部　課題別
- 第20章　心の専門家における倫理
- 第21章　事故に対する責任／他

A5判並製　定価(**本体2400円＋税**)

シナリオで学ぶ医療現場の臨床心理検査

津川律子・篠竹利和 著

様々な規模の医療現場を想定したシナリオで、心理検査の実施方法・臨床実務を解き明かした手引書。実施上のポイントも解説。

目次
- 第1章　心理検査を行う前に
- 第2章　心理検査の導入
　　　　──ラポールの実際
- 第3章　心理検査依頼書に基づいた心理検査の実施 (1)──復習を兼ねて
- 第4章　心理検査依頼書に基づいた心理検査の実施 (2)
　　　　──カルテを読むとは？
- 第5章　検査実施法「熟知」への第一歩
　　　　── WAIS-Ⅲを例として
- 第6章　心理検査の中断をめぐって
　　　　──ロールシャッハ法 (1)
- 第7章　心理検査の終わり方
　　　　──ロールシャッハ法 (2)
- 第8章　子どもと検査で出会うには
　　　　──幼児・児童の心理検査場面
- 付録　　ビギナーのために

A5判並製　定価(**本体2300円＋税**)